DEVENIR ROI
OU RESTER PION

**Vous êtes né pour gagner,
pas pour vous plaindre!**

Andy Hertz

Traducteur: Ciupa Anca
ISBN 9798684356797

Dédié à vous, mes chers amis

Devenir roi ou rester pion

Merci à tous ceux qui ont cru en moi et m'ont offert leur soutien dans les moments difficiles.

Merci à ceux qui construisent un monde meilleur, peu importe où ils se trouvent, leur statut social ou ce qu'ils ont reçu de la vie.

Merci d'avoir choisi de lire ces lignes.

Et surtout à ma mère, parce qu'elle m'a donné la vie!

*D*EVENIR ROI OU RESTER PION est le livre que j'ai écrit - avec enthousiasme pour vous – pour partager avec vous ce que j'ai appris et ce qui me passionne dans le domaine des affaires. Je crois fermement que nous devrions tous apprendre, autant que possible, la gestion financière. La réalité est que la plupart d'entre nous n'ont pas reçu d'enseignements dans ce domaine lorsque nous étions enfants ou plus tard. Si vous regardez de plus près, elle regorge de comptables pauvres ou d'employés de banque très qualifiés, qui dépendent de leur travail, c'est-à-dire des gens qui manipulent beaucoup d'argent et qui restent encore au stade de «pions». Donc, dans ce livre, vous trouverez très peu de choses sur les chiffres concrets. Une affaire créée avec passion signifie bien plus que de simples calculs. Pour qu'une affaire devienne prospère, cela nécessite du dévouement, du travail acharné, un apprentissage tout au long de la vie, une amélioration personnelle, l'établissement de relations, du courage, un marketing de qualité, des idées mises en pratique, la recherche et l'utilisation d'opportunités, etc., et vise à suivre un chemin bien choisi, sur votre âme et selon vos désirs et possibilités. Une route pour laquelle il vaut la peine de faire plus d'efforts au début, afin que plus tard, vous puissiez pleinement profiter de la vie, de la famille, de la liberté et de tout ce que vous voulez, de sorte que si vous finissez par vivre de l'inertie, au moins l'inertie provienne d'une chose bien faite et suite à une vie pleine d'abondance. L'argent ne doit pas devenir une finalité, mais un outil, un élément avec lequel vous serez libéré des chaînes du système d'exploitation lorsque vous vous réglez le réveil pour votre premier jour de travail. Ce système, lorsqu'il vous rattrape, peut vous faire vendre votre temps, renoncer aux plaisirs et, dans certains cas, vous éloigner du chemin que vous souhaitez réellement, voyager dans la vie. De plus, cela vous fait perdre de vue d'autres possibilités, cela lave de rêves en quelque sorte votre cerveau et vous met dans une direction unique. La plupart des gens acceptent ce système comme un héritage de leurs parents et adoptent la conviction que c'est la seule façon dont les gens peuvent vivre. La plupart d'entre eux restera fidèle à cette croyance tout au longue de leur vie, en éduquant leurs enfants pour le même rythme. Et les autres, peu nombreux et libres, les maîtrisons!

Ce livre vous aidera à prendre conscience de la situation dans laquelle vous vous trouvez, à vous engager sur un nouveau chemin, à créer, à prendre en charge votre vie et celle de votre entourage, à trouver le moyen de vous libérer du cercle des «pions», si vous en êtes là et vous en voulez évader. Vous trouverez également ici des idées d'affaires, des exemples positifs et négatifs de ma vie ou de mes proches, des diverses solutions, des impressions sur les emplois, quelque chose sur les objectifs et la vision, sur l'action, etc., le tout vu à travers mes yeux.

Si vous n'avez pas lu mon premier livre "La vie, le plus beau cadeau", je vous dirai ici que j'ai vécu dans plus de cinq endroits jusqu'à présent, partant d'un endroit merveilleux appelé Săvârşin, département d'Arad, et, je vis actuellement à Southwark, Londres, Royaume-Uni. Chaque endroit m'a appris quelque chose et m'a montré la vie sous diverses formes.

Ce livre est écrit pour toute personne ouverte au changement et à la responsabilité. J'y ai pensé de telle manière que si je remontais le temps et que je le trouvais là-bas, je serais sûr que cela m'aiderait. Si j'en avais trouvé un il ya plusieurs années, écrit par quelqu'un d'autre, ça aurait été bien...

J'espère que vous le trouverez utile!

INTRODUCTION

QUE FAIS-TU DE TA VIE?

CERTAINS ont commencé leur chemin dans la vie d'un niveau supérieur, d'autres d'un niveau inférieur. Nous ne sommes pas tous nés dans une famille riche, nous n'avons pas été tous soulagés de ne pas avoir connus des privations. Même si nous avons grandi dans un milieu calme et beau, où nous avons eu une bonne éducation, nous n'avons pas eu nécessairement partie de l'éducation financière. Certains d'entre nous ont peut-être eu des parents pauvres, ou peut-être nous ne les avons eus du tout ou peut-être nous n'avons pas appris à temps les renseignements infligés par eux et liés de l'éducation financière ou, tout simplement, leurs enseignements ne nous aident pas à sortir du cercle vicieux dans lequel nous sommes tombés sans notre volonté, cercle dans lequel, avant, ils ont été peut-être également piégés. Et sans éducation financière, nous ne pouvons pas marcher sur un chemin différent de celui vers lequel nous avons été guidés pendant notre enfance. L'argent n'apporte pas le bonheur, mais son manque nous éloigne des voyages, de la nourriture propre et saine, de la capacité de subvenir aux besoins de nos enfants, nous éloigne de trouver notre liberté et notre paix, une vie épanouie et paisible. Par exemple, bien sûr, une bonne voiture n'est peut-être pas la raison d'une vie heureuse, mais l'une vieille avec laquelle vous perdez du temps avec des divers mécaniciens, mois par mois, vous dévore les nerfs.

À propos de la santé, des amis, des passions ou de quelques idées d'affaires, j'ai déjà écrit dans "La vie, le plus beau cadeau". Dans ce livre, cependant, j'ai décidé d'écrire sur la carrière, l'argent et les affaires, car en leur absence, nous ne pouvons pas vraiment profiter de la vie. Donc, je pense que le sujet de l'argent est d'une importance majeure dans le développement personnel.

> *Quiconque veut faire bouger le monde*
> *doit d'abord bouger lui-même.*
> *Socrate*

Pourquoi «Devenir roi ou rester pion?». Dès le titre, vous pouvez comprendre que je vous parle d'un changement radical et que j'essaierai également d'expliquer ce qu'il signifie de rester dans un état d'inertie. Parce que, dans une carrière, il s'agit des «rois» et des «pions». Leaders et subordonnés. Des gens libres et des gens dépendants. Que vous soyez dans la première catégorie ou dans la catégorie des pions, vous faites partie de la même table de jeu, à savoir la vie. Si vous êtes ouvert au changement et que, pour vous, passer d'un camp à un autre semble réaliste ou semblera réaliste après avoir parcouru les lignes de ce livre, cela signifie que vous acceptez d'entrer, pour la première fois, consciemment, dans ce jeu, bien que vous y soyez probablement depuis longtemps. Le changement que vous attendez doit venir de votre intérieur. Je suis curieux, si vous attendez le changement, depuis combien de temps vous l'avez attendu. Si vous voulez que quelque chose ait changé dans le passé, à l'avenir, vous voudrez que quelque chose soit changé, maintenant. Si rien ne change par hasard, il serait bon de prendre position.

Pourquoi Roi ou Pion? Parce que, à ces jours, il n'est pas nécessaire de naître roi pour vivre comme un roi. Aujourd'hui, vous vivez comme vous le souhaitez. Pion, en revanche, c'est tout simple, en fait, ne rien faire de spécial. Rester un subordonné, dans un état de relaxation continue, accomplira les rêves des autres plus déterminés d'utiliser leur temps et de dépasser leurs limites.

Si vous aimez votre lieu travail et ne voulez pas du tout débuter dans une affaire, si vous n'avez pas le courage d'aller plus loin dans la vie et faire plus, si vous n'aimez pas être indépendant ou si vous avez déjà choisi la bonne voie pour votre carrière, alors ce livre n'est pas pour vous. Mais, vous devrez vous assumer la possibilité de rester un simple pion.

Comme je l'ai dit dans mon premier livre "La vie, le plus beau cadeau", je ne pense pas qu'il puisse y avoir le bonheur complet dans une famille qui n'a pas les moyens d'acheter des vêtements pour les enfants ou de payer sa facture d'électricité. L'argent est nécessaire partout, à tout pas. Cela, à moins que vous ne choisissiez pas de vivre une vie dure, comme un ermite dans une grotte. L'argent ne change pas l'homme, bien que nombreux le croient et toutes sortes d'autres mythes sur l'argent, inventés par les pauvres, nécessitant, dans de nombreux endroits, une excuse ou une raison pour cette pauvreté. Si vous êtes un brave homme, avec de l'argent et sans argent, vous resterez tout aussi gentil. Ou, si vous devenez méchant avec l'argent, pourquoi ne devenez-vous pas méchant sans argent ? C'est une stupidité sans égal de penser que l'argent apporte le mal dans votre vie. Bien sûr, un homme méchant, envieux, vaniteux, amplifiera ces qualités au fur et à mesure que sa richesse augmente, mais rien au monde ne le rendra plus gentil s'il ne le veut pas seul. L'argent n'est que du papier. Nous avons besoin d'argent, nous pouvons les multiplier, l'idée est d'en faire tout en s'amusant. Lorsque vous renoncez à votre vie pour vendre votre temps, votre énergie et votre santé pour gagner plus d'argent, puis de le dépenser pour des choses dont vous n'avez pas besoin, vous faites la plus grande erreur possible au monde. Votre temps est court, et donc cherchez-vous à faire de l'argent à l'aide d'un bon plan, des passions, du plaisir et par des choix personnels, de sorte qu'il vous reste du temps pour la famille, le repos et pour tout ce que vous voulez faire hors la carrière. Construisez votre rêve, pas celui d'un autre, et avec cela viendra assez d'argent. Ne suivez pas le gain, suivez le plaisir et votre plan pour une vie belle et épanouie. Si vous n'avez pas un plan ou une idée ou vous ne savez pas d'où commencer, ce livre pourriez-vous être très utile. Je l'écris, chèrement, pour vous, à partir des expériences personnelles, de pensées, d'idées et de plans apparus des deux côtés de la route, qui m'ont mené au point où je suis. Allons-y dans un voyage ensemble, jusqu'à ce que vous trouviez votre chemin vers l'accomplissement. C'est assez pour tout le monde.

D'accord ...

Peut-être que vous avez assez d'argent, vous avez une bonne voiture, une maison assez grande pour vous et votre famille, vous pouvez vous permettre de merveilleuses vacances chaque année, vous avez une famille heureuse. De l'extérieur tout va bien. Mais quelque chose ne va pas avec notre petit puzzle : le jour de lundi. Si le lundi gâche l'ambiance du dimanche soir, il est fort probable que les jours suivants, jusqu'à vendredi, ne soient pas ce qu'ils devraient être. Avez-vous déjà considéré combien de jours de travail il y a dans 35 ans de travail et combien de jours de congé avez – vous?

Et ton âme ? Qu'en est-il des matins où vous souhaitez vous détendre un peu, boire le café en toute tranquillité, mais vous devez par contre courir sous la pluie et le froid jusqu'au lieu de travail ? Qu'en est-il des plans dont vous rêvez depuis des années ?

Tant que ce monde nous offre tant des possibilités, pourquoi ne nous sentons-nous pas libres de choisir quoi que ce soit ? Pourquoi se limiter à une pensée démodée qui dit que nous devons accepter ce que nous avons reçu, qu'il n'est pas bon de prendre des risques, que nous devons suivre le chemin des autres et qu'un lieu de travail sûr est tout ce que nous souhaitons ? Je crois que le lundi doit être égal à n'importe quel autre jour de la semaine et qu'il doit être comme vous choisissez d'être, pas comme les autres le souhaitent, car il s'agit de votre vie. Et, pour faire du lundi une journée heureuse et belle, pas un fardeau, vous devez trouver des solutions pour faire ce que vous aimez. Pour cela, vous devez devenir riche. Riche n'est pas celui qui a beaucoup d'argent, mais celui qui gagne de l'argent, étant, en même temps, heureux chaque jour. Riche est celui qui profite pleinement du chemin choisi pour sa vie.

Si vous aimez pêcher et détestez aller travailler, transformez alors la pêche, votre passion, dans une affaire. Vous avez besoin d'argent pour vivre. Moi, je ne sais pas, et, certainement ni vous, famille heureuse qui n'a rien à mettre sur la table. Trouvez cette activité, belle pour vous, pour gagner de l'argent. C'est vrai, rien ne se passe du jour au lendemain, mais nous en reparlerons un peu plus tard. Et oui, nombreux sont ceux qui ne pensent même pas qu'il existe un moyen de développer eux-mêmes une affaire ou de faire des investissements intelligents qui génèrent des bénéfices.

Combien de fois vous avez êtes-vous demandé ce que vous cherchiez sur cette terre ? Est-ce que je suis né pour travailler jusqu'à la mort, vivant d'un mois à l'autre, limité et enfermé dans une cage d'esprit ? Ou je suis né pour laisser quelque chose extraordinaire derrière moi, pour mener une vie prospère, pour offrir à mes enfants tout ce dont ils ont besoin pour profiter de tous les jours de la semaine ? Il n'y a rien de plus beau que de sauter du lit chaque matin, plein d'énergie, pour une nouvelle journée, comme vous le souhaitez. Et le temps, le temps passé au milieu de ceux chers, ne doit pas être limité par des activités mentalement fatigantes. Que peut-on dire de ceux qui sont partis à l'étranger pour gagner de l'argent, qui ne peuvent pas se réjouir de leurs enfants.

Pour pouvoir profiter de chaque jour, profiter de votre temps libre et réaliser vos rêves, vous avez besoin de santé. Vous ne pouvez pas être en bonne santé quand vous êtes toujours triste, fatigué, malheureux, de mauvais humeur. À un moment donné, une connexion doit intervenir. Pour que tout soit en ordre, chaque jour doit être bon pour vous. Si vous vous réveillez le matin et allez travailler sans humeur, sans bonne volonté, sans appétit, quelque part, un jour, un maillon plus sensible cédera. Vous ne pouvez pas continuer jusqu'à l'infini sur une route pleine de boue dans laquelle vos pieds s'enfoncent. Finalement, vous êtes fatigué et tombez, en regardant à l'arrière, à une route parcourue pour rien. Certains disent qu'ils se sacrifient pour les enfants. Le problème est le suivant : les enfants suivent votre exemple. C'est comme en leur disant de ne pas fumer, vous allumez le cigare. En outre, comment créer, donner aux enfants et au monde tout ce que vous avez de meilleur, lorsque que vous manquez d'énergie et votre esprit est noyé dans l'étang des jours malheureux.

L'amour de l'argent est racine de toutes
sortes de maux nous averti

Timothée à 6 :10.

L'argent ne doit pas être votre objectif, mais le bonheur de faire ce que vous voulez. L'argent et la récompense viendront certainement. Et Dieu se réjouit et vous récompense quand Il voit que vous utilisez vraiment votre vie et que vous la vivez dans la joie, en donnant au monde tout ce que vous avez de mieux. L'argent, en soi, n'est pas mauvais, mais l'amour de l'argent devient une maladie.

Si vous demandez les enfants des riches, s'ils souhaitent d'être riches, ils répondront que non. Ils n'ont pas besoin d'argent, mais de passer leur temps libre avec les parents. Une fois qu'ils ont grandi, ils se rendent compte que sans argent, ils ne peuvent rien faire. Ils ne peuvent pas aider les autres, ne peuvent pas créer trop, ne peuvent pas se réjouir de la vie à tous égards.

Par contre, les pauvres pensent qu'être riche signifie des vacances aux Maldives, à Tenerife et à Bali. Eh bien, d'après mon expérience, être riche signifie beaucoup de travail. À la Loterie peu nombreux sont ceux qui en jouant gagnent. Aussi peu nombreux sont ceux qui reçoivent un héritage. Les autres gagnent de l'argent grâce au travail. Même ceux qui ont reçu des héritages conservent leur richesse en travaillant.

Si vous voulez être riche, ne contentez pas à travailler, à apprendre et, plus tard, vous pouvez vous réjouir de votre temps libre. Le plus gros gain sera le travail effectué avec plaisir et indépendance.

Laissez-moi vous raconter l'histoire d'un homme d'affaires qui est parti du bas. Il vivait dans une petite ville pauvre, sans potentiel à l'époque. Les fabriques fermaient leurs portes, le tourisme n'était même pas en discussion. Avec sa femme, ils sont partis à l'étranger pour travailler. Il travaillait comme plombier et sa femme était femme de ménage dans les maisons des gens. Ils ont amassé de l'argent pendant quelques années, puis sont rentrés dans leur ville natale, aussi pauvre qu'ils l'avaient quittée. Ils vivaient dans un appartement de deux pièces, acquis il ya plusieurs années avec l'argent de mariage. Tout ce qu'ils ont gagné à l'étranger a été investi dans une affaire qui était en trend à l'époque, une entreprise de volets. Tout le monde mettait de volets à la maison, au bureau, même dans les villages. Ils ont mis de côté chaque centime et lorsque les gens n'ont plus mis des volets, ils ont ouvert une entreprise qui s'occupait avec l'installation de centrales thermiques. C'était l'exigence de l'époque. Peu à peu, ils ont élargi leur affaire dans d'autres villes, ont commencé à offrir aux clients tous les services relatifs aux installations thermiques et sanitaires, ont formé des équipes de maintenance et révisions, vérifications de gaz, réparations. Mais, leur bureau est resté dans un appartement modeste. Ce n'est qu'après avoir investi leur argent dans des actifs (espaces commerciaux, appartements et terrains), ils ont construit un siège imposant et un grand entrepôt pour les marchandises. Finalement, lorsque l'argent venait sans effort, ils ont bâti la maison rêvée et ils ont commencé à passer le temps en se détendant. Aujourd'hui, ils ont une entreprise de succès, avec des bureaux dans de nombreuses villes, détiennent des propriétés immobilières qui produisent de l'argent sans travailler, se réjouissent de succès. Si l'argent gagné à l'étranger avait été dépensé pour la maison tant rêvée, c'est sûr qu'ils étaient à ce jour des simples ouvriers qui auraient vécu d'un mois à l'autre. Maintenant, ils peuvent vivre sans travailler de l'argent qui vient des investissements sagement faits.

Les gens vont travailler, c'est normal. Mais si vous sortez de ce cercle, il y aura toujours des chauffeurs de bus, des ouvriers d'usine ou des vendeuses. Peu de gens réalisent ce qu'ils peuvent faire de leur vie. Après avoir fait cela, je pense qu'il serait très difficile pour moi d'accepter un emploi que beaucoup pourraient souhaiter. Tant que je ne peux pas améliorer la vie de nombreuses personnes par ce que je fais, je choisis la liberté. Au lieu d'être directeur d'usine, j'ai choisi de marcher dans les montagnes, et au lieu d'aller en bus sur le chemin vers le lieu de travail, j'ai choisi d'aimer le lundi!

CHAPITRE 1

LES PREMIERS PAS

JE VAIS commencer par la partie que vous ne voulez pas entendre, pour vous préparer. Pourquoi ne pas faire des affaires et rester un pion:

• C'est parfois plus stressant.

• Vous aurez plus de responsabilités sur vos épaules. Vous déciderez pour les autres, pas les autres pour vous.

• Ce n'est peut-être pas ce que vous voulez vraiment.

• Vous travaillerez plus dur et votre temps libre diminuera jusqu'à ce que votre affaire commence à travailler pour vous.

• Il est possible de ne pas avoir des résultats. Il y a des risques en affaires, si vous ne voulez pas les prendre, cette voie ne vous convient pas. De nombreuses nouvelles entreprises entrent en faillite la première année, et davantage au cours des 5 prochaines années.

Pourquoi faire des affaires, pourquoi se réjouir d'abondance, pourquoi devenir roi? Pourquoi développer votre rêve, et pas celui des autres?

- Vous êtes votre propre chef.

- Vous faites ce que vous choisissez à faire.

- Vous êtes plus flexible lorsqu'il s'agit de vous réveiller le matin.

- Vous pouvez être créatif.

- Cela peut être rentable.

- Vous pouvez aider les autres.

- Vous pouvez travailler à la maison.

- Vous pouvez partager votre temps comme vous le souhaitez.

- Vous pouvez laisser héritage ce que vous créez.

- Personne ne peut vous licencier.

- Vous avez une plus grande détermination.

- Vous pouvez devenir financièrement indépendant.

- Vous pouvez créer des emplois.

- Vous aurez des défis.

- Vous vous entourerez des personnes à votre choix.

- Vous apprendrez beaucoup.

- Vous passerez chaque jour dans l'environnement de votre choix.

- Vous pouvez réaliser votre rêve.

- Etc.

Il m'arrive de traverser les grandes stations de métro de Londres, très rarement, aux heures de pointe. Il pourrait être pris par certains comme une insulte, mais je vois des centaines ou des milliers de personnes se souffler dans la nuque de l'autre, en se poussant à petits pas vers les escaliers roulants, et je ne peux pas m'arrêter d'associer la masse des gens à un troupeau des moutons, qui sont dirigés, auxquels le sens de marche est imprimé, volontairement ou non. Je peux jurer que 99% d'entre eux souhaiteraient d'être ailleurs, dans ces moments-là, et non sur le chemin de leur lieu de travail. S'il vous arrive de vivre quelque chose comme ça tous les jours, l'un des premiers pas consiste à réaliser que vous êtes sur la mauvaise voie. Le second est de choisir de le quitter et de marcher sur un autre, choisi par vous. Mais pas aujourd'hui ! Vous devez créer un bon plan et réalisable. Comme aux jeux d'échecs, vous avez besoin de réflexion et de stratégie, vous ne devez pas faire d'abord le pas et puis penser à quelques autres mouvements possibles plus tard.

> *Votre tâche n'est pas de chercher l'amour,*
> *mais simplement de chercher et trouver tous les*
> *obstacles que vous avez construits contre l'amour*
> *Rumi*

Maintenant, vous voyez l'affirmation susmentionnée par le prisme du succès en affaires ou carrière, en général. Votre tâche n'est pas de rechercher le succès, mais d'éliminer les barrières que vous-même, peut-être, vous mettez entre vous et le succès. Ça sonne bien, n'est-ce pas?

Prenons mon exemple. Ceux qui me connaissent se sont habitués avec les réalisations, comme on s'habitue avec un culturiste que vous voyez tous les jours. Vous ne réalisez pas à quel point il a grandi, qu'en comparant deux photos. Eh bien, je leur rappelle qu'il y a 7 ans, je n'avais qu'un emploi "sûr". Maintenant, bien que je sois toujours sur la route, je possède déjà des propriétés immobilières, ce qui m'apporte un revenu mensuel, j'ai un bon plan que je suis et je suis tranquille. Mais je suis toujours en route. Dans le livre "La vie, le plus beau cadeau", je vous ai dit concrètement le plan que je suis en rapport avec les propriétés immobilières et j'ai écrit à partir de mon expérience, quelques lignes pour réussir:

• vous devez avoir un plan;

• passer du temps avec des gens qui font ce que vous voulez faire, car vous apprendrez beaucoup d'eux et ils vous soutiendront;

• Les personnes qui ne pensent qu'à l'argent et ne ressentent pas le plaisir de démarrer une affaire n'ont pas beaucoup de chances de réussite. Si vous leur demandez combien d'argent ils veulent, ils n'auront aucune idée;

• fonctionne efficacement;

• faites-vous confiance;

• visualisez votre objectif;

• N'écoutez pas les conseils de ceux qui ne font pas ce que vous voulez faire. Apprenez des professionnels;

• Donnez - votre temps pour étudier le domaine d'affaires choisi, lisez des livres d'affaires, en général, et d'éducation financière. Vous devez le faire tout seul car à l'école, vous n'apprenez pas à gagner de l'argent;

• concentrez-vous sur l'épargne, pour mettre les bases d'une affaire, puis, faites combien d'argent voulez - vous;

• profitez des opportunités, après avoir commencé à les trouver;

• utilisez l'argent avec sagesse et réinvestissez la plupart de l'argent;

• ne soyez pas avide, n'oubliez pas d'aider ceux en besoin;

• chaque étape doit être bien jugée maintenant, dans la période où vous pouvez acheter des illusions;

• apprenez de vous arrêter lorsqu'il est le temps, et ne soumettez pas l'affaire aux risques trop grands;

• Croire que vous pouvez faire tout ce que vous avez l'intention de faire semble être une question simple. Faire ce que vous avez décidé de faire peut sembler difficile. L'action née de la question « Comment pourrais-je faire ? ». Ce sont juste des pensées, la réalité sur ce que vous pouvez faire se trouve dans l'action, et, si vous n'agissez pas, vous ne saurez jamais. Sans action, vous allez rassembler une collection merveilleuse de possibilités perdues;

• renoncer à ce que vous faites erronément, à ce que vous n'aimez pas, à ce que vous ne faites pas pour le plaisir, ne signifie pas arrêter le cours de votre vie, mais cela signifie qu'à partir de là, vous marchez sur un nouveau chemin, un chemin qui représente votre chance de faire quelque chose de grand;

• Si vous voulez changer, ne le faire jamais pour les autres, mais votre âme.

Un voyage de mille lieues
commence toujours par un premier pas
proverbe chinois

Nous laisserons tous une histoire derrière nous, mais rendons-la aussi extraordinaire que possible. Je choisis de ne pas laisser mon histoire médiocre. Tu choisis quoi?

Devenir roi ou rester pion

CHAPITRE 2

SORTEZ DE VOTRE ZONE DE CONFORT

Pourquoi serais-je affligé, puisque chaque parcelle de mon être est épanouie? Pourquoi ne sortirais-je pas de ce puits? N'ai-je pas une corde solide?

Rumi

SI VOUS pensez que vos parents mènent une vie pauvre et vous ne voulez pas suivre leur chemin, sachez que vous pouvez atteindre leur âge dans une situation encore plus difficile ou plus malheureuse, seul ou avec quelqu'un qui ne partage pas grand-chose des souvenirs et de l'amour, mais peut-être des besoins et des problèmes. Alors je vous dis de regarder des plusieurs angles la vie en deux, une relation de mariage ou une cohabitation. Jusqu'à un âge, vous choisissez, après un âge, vous récoltez les fruits, comme les vieux disent. Cela vaut également dans les affaires. Si vous pensez que vos parents mènent une vie pauvre et que vous ne voulez pas suivre leur chemin, vous devez évidemment en choisir un autre. Votre chemin.

Je crois fortement que si j'ai réalisé cela, vous en étiez de même. Si j'ai grandi sans une aide matérielle significative et j'ai réussi à arriver là où j'ai souhaité, vous en pouvez faire de même!

Si vous passez beaucoup de temps dans la zone de confort, cela signifie que vous renoncez à utiliser tout ce que vous avez, à faire tout ce que vous pouvez, à vivre pleinement. Je suis conscient que je suis entièrement responsable de mon avenir en affaires. À moi d'apprendre, de m'informer, de chercher les bonnes personnes, d'apparaître aux bons endroits. Le succès ne vient pas me chercher à la maison. Les partenaires commerciaux ou les clients potentiels ne viendront pas me sortir du lit. Je dois les chercher.

Ce qui compte, ce ne sont pas les années qu'il y a eu dans la vie. C'est la vie qu'il y a eu dans les années.
Abraham Lincoln

L'homme ne vit en moyenne pas plus de 960 mois. Les premières et les 20 dernières années de la vie ne comptent plus. Cela signifie que je n'ai pas plus de 480 mois pour travailler. Si vous êtes très jeune, vous avez les 480 mois devant vous. Si vous avez environ 30 ans, il vous reste environ 360 mois. Si vous avez 40 ans, il vous reste 240 mois. Que choisissez-vous d'en faire? Comment les passer? Il ne serait mieux dans les prochaines 10 - 30 mois de créer un meilleur plan, d'apprendre sur une nouvelle carrière ou affaire, et le reste le passer comme vous le souhaitez, que de les passer comme vous ne les voulez pas?

N'attendez pas qu'une tragédie change votre vie. Changez votre vie parce que vous voulez faire mieux, pas parce que vous êtes poussé par la pauvreté et la faim. Essayez de ne pas y arriver. Et si vous y arrivez, vous avez d'autant plus de raisons pour commencer quelque chose de nouveau.

Dans les moments difficiles, sortez de la routine, du confort. Malheureusement, sans le vouloir. Heureusement, faites-le ! Lorsque cela se produit, apprenez en poussant vos limites avec le pouvoir de celui qui n'a rien à perdre, vous créez une résistance aux défis et allez plus haut, sans regret et sans peur.

Pourquoi suis-je sorti de ma zone de confort? Honnêtement, j'ai déjà oublié comment est de rien faire. Je ne me souviens même pas à quoi il ressemblait le dernier jour où j'ai paressé ou j'ai regardé de mon lit à la télévision, du matin au soir. Brièvement, j'adore être actif. J'adore les affaires et, surtout, le domaine des immobilières où j'ai investi avec succès les dernières années. J'aime écrire. Quand j'ai un peu de temps libre, j'écris. N'importe quoi. Je connais l'électrique et l'électronique, après deux écoles terminées dans ce domaine. Jusqu'à mon départ au Royaume Uni, j'ai eu une affaire avec bijoux, je sais les confectionner, importer et vendre. Je connais de gens de valeur dans les domaines liés d'affaires. Et je suis confiant que, si je veux, je peux mettre les bases de presque tous les types d'affaires. Je connais les lois et le fonctionnement du système bancaire. J'ai appris tout cela. Après avoir eu 150 personnes sous mes ordres, je peux dire que je sais aussi comment gérer. Et, le plus important, j'ai appris à chercher et à trouver des informations utiles quand j'en ai besoin. Et ce que je fais tous les jours est amusant, ce qui importe le plus pour moi.

Il y a de nombreuses années, j'attendais impatiemment de partir de mon travail, d'arriver à la maison et de m'asseoir devant la télé ou de faire d'autres activités qui n'occupaient pas trop mes pensées. Maintenant, en regardant derrière moi, je me rends compte que ces années étaient celles où je n'ai rien accompli de mémorable et je n'ai pas vécu. J'ai juste existé sur Terre.

La pensée positive doit être suivie de l'action. La pensée positive vous en sortira de votre zone de confort. Si vous vous voyez à l'avenir comme un homme d'affaires prospère et que vous pensez pouvoir devenir ce que vous rêvez, vous commencerez à chercher une solution. Avec le temps, vous vous rendrez compte que votre rêve s'estompe ou même disparaît, plus vous restez longtemps et ne faites rien. Si vous avez l'air pauvre, vous devenez ou restez ainsi. Si vous vous voyez riche, il doit réagir, parce que tes pensées et ta direction sont orientées vers cela.

Je suis sûr que dans la vie de chaque homme viendra le moment où il regardera en arrière et regrettera de ne pas avoir fait certaines choses au bon moment. Vous ne voulez pas arriver au moment quand il sera trop tard pour un rêve et, en regardant en arrière, de vous rendre compte qu'en fait, vous n'avez pas eu le courage, vous n'avez pas pris des risques, vous avez fait les choses comme les autres souhaitaient de vous, vous avez travaillez pour rien, vous avez été connecté aux choses et vous avez perdu des gens aimés, vous n'avez changé à personne la vie, vous n'avez rien fait de ce que vous aviez souhaité, vraiment, et vous êtes resté juste avec l'image de l'homme que vous aurez pu devenir.

Si vous restez dans votre zone de confort, vous pouvez perdre la confiance dans vos forces, la personnalité et même les gens autour de vous, qui ont de grandes aspirations. De cette façon, certains ont laissé leur vie se transformer dans un enfer.

> *Répandez la lumière et l'obscurité se dissipera d'elle-même.*
> *Erasmus*

Pour sortir de la zone de confort et de la routine:

• faites votre plan, écrivez-le et conservez-le dans un endroit où vous pouvez le voir tous les jours;

• faites-vous confiance et commencez par de petits pas, mais faites-en un tous les jours;

• lisez quelque chose sur le domaine vers lequel vous voulez vous orienter;

• faites du sport selon un plan clair. De cette façon, vous resterez en bonne santé et vous vous disciplinerez;

• recherchez de nouvelles activités qui vous font du plaisir, elles vous «réveilleront». Acceptez le changement;

• abandonnez les mauvaises habitudes ou les habitudes inutiles;

• rencontrez de nouvelles personnes, de préférence avec lesquelles vous partagez des passions communes;

• soyez honnête avec vous-même;

• ne cherchez pas des excuses, assumez-vous les actions passées, mais surtout celles à venir;

• écrivez sur papier les avantages de choisir de sortir de votre zone de confort;

• suivez des études ou des cours dans un domaine qui vous aidera sur votre nouveau chemin;

• valorisez le temps;

• concentrez – vous sur le plaisir et la passion;

• définissez des cibles de manière à dépasser vos limites;

• cherchez à rencontrer de nouvelles personnes;

• trouvez des moyens d'auto-motivation;

• utilisez le temps.

Le seul véritable échec est lorsque vous abandonnez avant de commencer.

Abandonnez vos peurs et commencez à vivre!

*Aucun trésor de la terre
ne peut acheter une chance perdue.*
Amanda Scott

CHAPITRE 3

À QUOI RENONCER

JE VOUS suggère d'abandonner ce que vous ne fait pas bien, ce que vous n'aimez pas, ce que ne vous aide pas à grandir, afin de pouvoir bâtir la vie dont vous rêvez. Libérez-vous de mal pour faire place au bien. Avec des boulets de canon attachés aux pieds, il est difficile de conquérir une montagne. Laissez-les couler à la vallée, car ils veulent descendre, puis vous grimperez plus vite et la route sera agréable. Si vous voulez vraiment monter, si non... vous pouvez nouer d`autres, pour descendre plus vite. Qu`est-ce qu`il signifie ces boulets de canon ? Les gens qui vous rabaissent, la paresse, les pensées négatives, la peur, l'égoïsme, l'envie, le manque d'éducation, etc. ...

On dit que vous êtes la moyenne de quelques personnes qui vous entourent tous les jours. J'espère que vous vous asseyez à côté de belles personnes qui surmontent. Sinon, abandonnez les gens qui ne vous laissent pas grimper. C`est très important ! La plupart d'entre eux sont si malheureux qu'ils se sentent presque coupables parce qu'ils sont nés ou, pire, ils pensent que c`était mieux s`ils n`existaient pas. Ils voient la vie comme une torture et veulent vraiment vous convaincre de leur « réalité ». Enfuyez-vous ! Enfuyez aussi loin que vous le pouvez, retournez dans votre monde. Et à partir de là, essayez de les aider. Souvent, les gens ont des opinions différentes des vôtres ou ne veulent pas que vous réussissiez. Ils sont jaloux ou veulent trouver des excuses pour leur mode de vie et ne peuvent accepter que vous réussissiez dans un monde où ils n'osent même pas marcher.

Vous devez également apprendre à dire «non». Je connais des gens avec une grande âme, desquels les autres tirent de partout, en faisant use de leur gentillesse. Parce qu'ils sont sensibles et bons, ils ne savent pas comment dire "non". Si vous êtes dans cette situation, testez ceux qui demandent toujours votre aide et voyez s'ils sont prêts à vous retourner ce que vous faites pour eux. Je ne dis pas que tout a à voir avec les intérêts personnels et l'égoïsme, mais vous devez savoir à quoi renoncer, ce qui ne vaut pas la peine de perdre votre énergie et votre temps. Il y a des gens qui ne méritent vraiment pas vos efforts.

Arrêtez d`appeler à la miséricorde et de prendre la vie comme vous l`avez reçue. Apprenez et découvrez plus d`options, ne soyez pas satisfait de ce que vous avez reçu, en pensant que c`est votre chance. Il y a toujours plusieurs options, il faut apprendre les rattraper. Le monde est fait pour tous. Tout comme il n`ya pas d`animal sauvage qui ne puisse pas trouver ceux nécessaires à sa vie, il n`y a pas d`être humain qui ne puisse pas trouver les nécessités de sa vie. Mais comme l'animal sauvage, l'homme doit chercher.

Renoncez à croire que le bon moment n'est pas maintenant. Le moment est venu de réfléchir à toute votre existence et au reste de votre vie à partir de maintenant. Commencez à mettre les bases d`une vie mémorable.

Abandonnez le mythe selon lequel les riches sont des voleurs et les pauvres sont honnêtes et heureux.

Abandonnez faire des choses pour impressionner les autres. Ne faites pas les choses aux yeux du monde. Ils coûteront de l'argent, du temps, de l'énergie et bien d'autres, et, finalement, vous verrez finalement que vous n`avez pas enrichi votre vie.

Abandonnez les peurs qui vous maintiennent en place. Commencez en prenant conscient. En général, vous vous concentrerez positivement sur ce que vous voulez ou sur vos peurs ? Sachez que presque toutes vos peurs ne se réaliseront pas si vous n'y pensez pas. Les pensées négatives proviennent de toutes sortes d'expériences. Lorsque vous en prenez conscience, vous apprenez à les ignorer.

Renoncez à vous attendre à quelque chose de merveilleux de l`extérieur. Il vaut mieux penser aux meilleures choses que vous n'ayez jamais faites, et si vous n`en avez pas fait beaucoup, faites des choses merveilleuses pour votre entourage.

Après avoir parlé à un proche de certains plans d`affaires personnels, il m`a donné la réplique suivante :

- Eh, tu veux que l`argent vienne facilement et soit un grand chef ? dit-il, l'air supérieur et plaisantant.

- Oui ! C'est exactement ce que je veux ! je lui ai dit, très confiant.

- ????

Il ne s'attendait pas à cette réponse.

Certaines personnes, surtout après une vie laborieuse, sans lien avec les affaires, ne peuvent pas croire que, oui, vous pouvez gagner de l'argent grâce à ce que vous choisissez vous-même. Renoncez à acquérir les connaissances ou les croyances des autres, même si elles les partagent avec vous de bonne foi. Prenez soin à votre chemin, peu importe ce que vous choisissez, vous trouverez beaucoup de gens qui vous diront que ce n'est pas bien de faire ce que vous faites.

Une belle famille, une affaire rentable, une école qualifiée et bien d'autres sont construits grâce à beaucoup de travail acharné, soit dit en passant. Ceux qui n`aiment pas travailler ont une joie diabolique voir les autres en tombant, transformant ainsi l`état en un état acceptable. Ne les laissez pas ! Ils vous diront que vous ne pouvez pas monter. Ils vous diront que c'est difficile, que vous n'arriverez pas, que vous n'êtes pas assez bon, assez préparer, assez déterminé. Montez et montrez-vous que vous pouvez, beaucoup vous suivront. Ne faites pas comme eux, ne les laissez pas tomber.

Vous voulez changer le monde, vous souhaitez avoir plus d'argent, vous désirez développer une affaire, vous voulez aider les autres, vous pensez laisser quelque chose derrière vous, vous voulez créer, vous souhaitez avoir une vie après laquelle de beaux souvenirs et des moments mémorables restent, après quoi toutes sortes d'excuses apparaissent.

Vous commencez à dire que vous ne pouvez pas, parce que : vous n`avez pas d`aide, vous êtes né sans chance, vous n`en avez pas assez, vous n`avez pas avec qui, le temps n`est pas venu, vous n'avez pas de relations, non ... non ... non ...

Mais, en fait, devant qui vous excusez-vous ? Que se soucient les autres de savoir si vous vivrez ou non des moments mémorables, des lundis heureux où vous avez une entreprise prospère ?

En trouvant toutes sortes d`excuses, vous finissez par ne pas changer le monde, ne pas gagner plus d`argent, ne pas développer d`affaires, ne pas aider les autres... ou pas.... Laissez tomber les excuses et trouvez plutôt des raisons pour la réussite. Abandonnez les excuses pour une mauvaise situation, car elles ne vous mèneront jamais à des expériences positives.

Lorsque vous vous sentez perdu, tout va mal. Lorsque vous vous sentez bien, tout va bien pour vous. Abandonnez les pensées négatives et les peurs. Ce qu`il est, se passe. Ce que vous ne pouvez pas changer, ça reste ainsi, de toute façon. Et au-delà des nuages de la pensée, il y a l'amour, la force, la passion, le talent, etc. Dispersez les nuages de votre esprit et vous illuminerez chaque endroit par où vous passerez.

Ne vous inquiétez pas. Les inquiétudes viennent souvent du fait de ne pas être informé. Et toujours, celui sur lequel vous vous concentrez le plus grandit.

Nous vivons dans un monde plein de victimes. Arrêtez de vous victimiser ou n`entre pas dans ce jeu. Vous ne pouvez pas changer la famille dont vous faites partie, ni l'environnement dans lequel vous avez grandi, ni le ciel gris de Londres. Faites ce que vous pouvez le mieux, là où vous êtes, avec ce que vous avez et allez plus loin.

Tandis que vous chassez les voleurs et les paresseux, les mauvaises herbes poussent dans votre jardin. Arrêtez de vous comparer aux autres et de perdre du temps à regarder les mauvaises actions des autres. Si vous ne pouvez pas leur donner un coup de main, laissez-les tranquilles.

Abandonnez la paresse et les activités insignifiantes de votre vie. Ne perdez pas le temps, en général. Fixez des priorités, concentrez-vous sur ce que vous souhaitez dans la vie!

Abandonnez les vices et la commodité. Commencez à faire du sport, vous aurez besoin de santé.

Abandonnez la croyance que vous connaissez tout. Acceptez les conseils de ceux que vous appréciez ou choisissez comme mentors et apprenez d'eux.

Abandonnez les compétitions, la fierté enfantine et la jalousie. Aidez les autres à grandir une fois avec vous. Votre motivation la plus importante ne doit pas être de dépasser quelqu'un, mais d'être heureux et de vivre chaque jour comme vous le souhaitez.

Abandonnez tout ce qui ne vous apporte pas le bonheur. Parce que ce que vous faites et ne vous apporte pas le bonheur vous éloigne de ce que vous êtes vraiment. Cela vous fait même oublier qui vous êtes, perdre votre identité.

Arrêtez de bavarder sur les gens de votre entourage. C'est la profession la plus basse.

Renoncez à la méfiance envers les gens. Tout simplement parce que vous êtes allé à travers les événements de toutes sortes, ne signifie pas vivre enfermé dans une coquille. De tous ceux qui vous entourent, très peu vous décevront, et pour eux, les autres, la plupart, ne méritent pas votre manque de confiance.

Renoncez à attendre la chance. La chance est sur la formation et la recherche d'opportunités.

Arrêtez de blâmer les autres pour les problèmes que vous rencontrez. Plutôt que de faire cela, mieux c`est de trouver de solutions pour sortir du milieu des problèmes.

En général, concentrez-vous sur les choses positives, aidez les autres pour qu`ils réussissent, créez, apprenez, pardonnez, respectez, aimez!

Et encore une chose, pour commencer un travail sérieux et sain, renoncez à la grandeur. Ne jetez pas l'argent, en particulier l'argent que vous n'avez pas encore, pour lequel vous vous êtes endetté, pour impressionner le monde. N`utilisez pas les premiers argents empruntés de la banque pour acheter des meubles coûteux, un bureau ou un espace extravagant, des voitures de luxe ou je ne sais pas quelle machine à café. Laissez les caprices pour plus tard, afin qu'ils proviennent naturellement des bénéfices de votre entreprise. On dit que la voiture doit refléter au maximum 10% de votre fortune. Je dirais que la voiture doit refléter l`argent provenant du profit, dont vous pouvez vous passer.

Laissez-moi vous raconter une histoire courte, un fait réel. Un homme de 45 ans, père et mari, a lancé une entreprise de constructions avec de l'argent emprunté de la banque, pendant les périodes de pointe économique. Son entreprise semblait florissante, il avait un nombre considérable d'employés, il avait commencé à travailler dans plusieurs régions. Jusqu'ici, tout est bon et beau. Et il a acheté un siège merveilleux pour lui-même et le personnel autour de lui, il avait des fauteuils en cuir très coûteux autour du bureau, ainsi que des divers accessoires, des voitures, des dépenses inutiles qui, peu à peu, ont commencé à rattraper les bénéfices. Et le moment où le déclin de l'entreprise a commencé, c'est quand il a abandonné le contrôle de l'équipe et ignoré les petits problèmes journaliers, oubliant son rôle vital dans le bon fonctionnement des choses. Que s'est-il passé ensuite ? Après un moment de gloire, dont il semblait incapable d'être renversé, au lieu d'investir dans des actifs rentables, il est arrivé avec tous les biens pris par les banques. Même l`appartement de sa fille et la dernière voiture se sont écroulés. Il a déménagé avec sa famille chez ses parents au milieu rural. C`est vrai, la crise financière a joué un rôle majeur dans cette chute. Mais, au moins, des dommages catastrophiques auraient pu être évités, sinon la faillite par une attitude sérieuse d'employeur sage et responsable. Alors, essayez de dépenser le moins possible, surtout au début. Si vous achetez votre espace de bureau et il vous reste des espaces inutilisés, louez-les aux autres. De cette façon, vous gagnerez de l'argent supplémentaire de loyer et il vous restera de l'argent supplémentaire en divisant les factures d'entretien.

Ah, j'oubliais quelque chose de très important. Abandonnez la ville l`agglomération, au moins de temps en temps. Chaque fois que vous le pouvez, tournez-vous vers la nature. Vous comprendrez pourquoi.

Et laissez les attentes de la société, aux amis et à la famille. Vivez comme vous le souhaitez, devenez libre!

CHAPITRE 4
VALEURS, MODELES ET RELATIONS

L ES VALEURS, les principes, la morale et l'éthique sont liés à l'éducation.

Vous pouvez trouver des modèles partout. Les gens qui réussissent ne sont pas cachés dans un endroit unique du monde. Ils sont partout et de toutes sortes.

Mais ne copiez pas et ne vous comparez pas, surtout avec ceux qui échouent. Apprenez des gens qui réussissent, qui se dirigent après des valeurs similaires à celles que vous les respectez. Ainsi, vous ferez bouger les choses à votre manière.

Les principes sont très importants. Les personnes guidées par des valeurs solides mènent généralement une vie plus belle. Ces valeurs, vraiment suivies vous conduisent à l'équilibre et apportent plus de bonheur dans votre vie.

Les valeurs essentielles dont vous devez prendre soin sont:

• honnêteté;

- confiance;
- courage;
- respect;
- santé;
- famille et amis;
- l'amour.

10. Celui qui est fidèle dans les moindres choses l'est aussi dans les grandes, et celui qui est injuste dans les moindres choses l'est aussi dans les grandes.

11. Si donc vous n'avez pas été fidèle dans les richesses injustes, qui vous confiera les véritables?

Luc 16: 10 - 11

Choisissez les mentors parmi les gens qui vous inspirent ou parmi ceux honnêtes que vous connaissez. Ne soyez pas impressionné par la fausse grandeur de ceux qui réussissent injustement. Ils connaissent un succès faux et éphémère. De nombreuses entreprises «prospères» sont tombées une fois avec le parti politique ou un politicien. Votre attention doit être concentrée uniquement sur des affaires légales et honnêtes. À l'avenir, après avoir développé quelque chose et avoir suivi le chemin choisi, vous aurez besoin de paix. Si vous voulez des moyens pour gagner de l'argent rapidement et par des méthodes malhonnêtes, vous n'avez pas bien choisi ce livre.

Comme je l'ai dit, tous ceux qui semblent réussir ne sont pas fondés sur des principes solides, et ce succès est faux et ne dure pas très longtemps. De plus, il est payé très cher. L'existence des "entreprises parasitaires" était nécessaire pour ceux qui voulaient ou veulent encore blanchir de l'argent. Comment pensez-vous qu'un homme qui n'a rien à voir avec les affaires a ouvert une entreprise qui se porte extraordinairement bien dès le départ? Ce que vous ne savez pas, c'est qu'il n'est là que pour filtrer les biens, les services et l'argent vient d'en haut et retourne dans cette direction. Vous devez apprendre à vous rattraper si le succès d'une personne est dû à lui-même ou aux autres. Pourquoi est-il bon de savoir une telle chose? Pour ne pas être entraîné dans des jeux dangereux. N'oubliez pas que les pommes pourries gâchent aussi les bonnes.

Les gens, comme modèle ...

L'avarice des riches est une chose incompréhensible. Ils n'ont pas besoin d'un sou comme monnaie en soi, mais ils valorisent généralement l'argent. Ils ont créé un mode de vie que les pauvres ne comprennent pas. Si vous ne prenez pas un compte un centime, vous ne prenez pas en compte le fait que vous avez 8 voitures dans l'entreprise, mais vous n'en avez besoin que de 6. Ne prenez pas en compte le fait que les employés fument 20 cigarettes en 8 heures, au lieu de travail, ce qui signifie plus d'une heure perdue, chacun, quotidiennement. Si vous avez dix employés, dans ce cas vous perdez plus de 10 heures par jour. Cela signifie qu'un employé ne travaille pas du tout, encore plus d'un employé. Bien sûr, je ne pense pas qu'il soit bon d'imposer des règles aussi strictes dans votre entreprise. Les gens ont besoin de se sentir bien au travail. Mais je veux vous expliquer la façon dont un homme qui a fait de l'argent pense, en partant du bas. En tant que «défaut professionnel», il compte chaque centime et, à la fin, il en résulte une somme énorme. Les riches et les «généreux» ne gagnaient pas beaucoup d'argent à partir de rien. Au contraire, ils ont hérité cet argent.

À titre d'exemple, j'ai vu plus d'une fois, dans une épicerie, un homme en face de moi, qui, quand il a reçu le reste, a ri en disant : "Laissez-le comme ça !" Ou "Gardez le reste!" A partir de ce moment, j'ai su que c'était un pauvre homme.

Alors, ne riez pas du riche qui se penche sur un sou qu'il voit perdu dans la rue. C'est un mode de vie. Le riche n'est pas devenu riche en trouvant quelques sous parterre, mais il s'est enrichi par cette attitude. Il a acheté des produits bons et moins chers, il a embauché les meilleures personnes pour des salaires pas trop élevés, il a acheté des bureaux ou des immeubles moins chers, pour pouvoir développer une entreprise rentable et durable, en partant du bas. Si vous êtes trop «généreux» avec peu d'argent, vous êtes «généreux» tout le temps. Ceux qui développent une entreprise rentable de bas en haut ne jettent jamais d'argent par la fenêtre.

Il est bon d'être prudent avec les sous, mais ne perdez pas de vue les grandes affaires et à long terme. Un directeur sur plus de 2000 personnes me disait, à l'époque où je dirigeais plus de 150 personnes : "N'aidez pas les ouvriers, parce qu'en aidant un, tu perds de vue 150. Tu dois voir l'usine dans son ensemble". C'est pareil en affaires. Il faut voir le tableau dans son ensemble, ne pas tomber sur les détails. Pour que vous ne restiez pas parmi eux. Votre affaire doit être construite de manière à fonctionner sans vous, si vous recherchez la liberté. Sinon, vous serez l'esclave de votre propre invention.

Trouvez des gagnants et suivez leurs principes. Les gagnants trouvent toujours des solutions. Les gagnants en affaires trouvent de l'argent pour investir, attirent les gens vers le jeu et s'amusent. Et toujours eux, les gagnants en affaires, utilisent souvent l'argent des autres. Et toujours eux, les gagnants, créent aussi des emplois!

Vos actions seront affectées par les conseils que vous écoutez. Les opinions de ceux qui n'ont pas le courage de faire grand chose dans la vie seront toujours contraires à ce que vous voulez faire, si vous êtes audacieux. Certains, si vous habitez dans un appartement de deux pièces, disent que vous allez bien et que vous avez tout ce que vous voulez. D'autres diront que vous n'en avez pas fait assez et que vous vous contentez de peu. Si vous ne savez pas ce que vous voulez vraiment, vous les écouterez au hasard.

Ensuite, il y a des gens que vous voulez impressionner. Cela arrive aussi. Ce sont généralement des personnes que vous admirez. Si je vous arrivez à mieux connaître ces gens, vous vous rendez compte que ce sont des gens simples et qu'ils ont leurs problèmes, ils se soucient de ce que vous faites. Bien sûr, vous pouvez être apprécié, mais personne ne se soucie vraiment de ce que vous faites, sauf votre famille et vos proches. Alors n'accordez pas autant de valeur à ce que vous pensez que les autres vont croire. Cela n'a pas tellement d'importance.

Une personne qui échoue, lorsqu'elle est en bonne santé physique et mentale, présente généralement les caractéristiques suivantes : paresseuse, ignorante, forte EGO, frustrée, ennuyeuse, indécise, irresponsable, pressée, etc. Pensez-vous à un homme que vous pouvez le prendre de modèle, comme exemple à suivre à plusieurs égards et trouvez à ce modèle les qualités que vous appréciez.

Voici quelques caractéristiques des personnes que je respecte et que je choisis comme modèles : elles sont enthousiastes, drôles, réfléchissent avant de parler, sociables, indulgentes, innovantes, créatives, déterminées, productives, fortes, organisées, honnêtes, respectueuses, responsables, diplomates, patient, calme, etc. Maintenant, voyons ce dont nous avons besoin pour être comme eux. Si je prends chaque caractéristique séparément, je me rends compte qu'il ne me manque rien pour l'apprendre. Je peux être drôle, je peux réfléchir avant de parler, je suis créatif, j'ai appris à être fort, je suis calme, etc. Rien ne nous manque pour être encore meilleurs que ceux que nous apprécions. Les gens qui réussissent ne sont pas plus beaux que ceux qui échouent, ne sont pas en bonne santé, ne vivent pas dans un certain endroit, ne sont pas nécessairement plus talentueux que ceux qui échouent. Mais, ils font les choses différemment.

Quel que soit le modèle que vous suivez, ne vous contentez pas de le rattraper. Votre chemin est différent et votre objectif est d'être vous-même heureux. Vous n'avez pas à rattraper ou à surpasser les autres, vous devez arriver là où vous voulez être.

Essayez d'apprécier, le plus, les gens modestes. Ceux qui ne se vantent pas, ceux qui ne sont pas arrogants, ceux qui ne font pas les choses aux yeux du monde. Ils vous apprendront ce que vous devez savoir à la suite.

Si ceux qui vous entourent sont pauvres ou échouent, il est évidemment plus sage de ne pas suivre leur chemin et leurs conseils financiers. Je sais que c'est un conseil dur, surtout lorsqu'il s'agit des gens chers, qui ont de très bonnes intentions pour vous. Mais si vous suivez leur chemin, vous allez arriver au même endroit comme eux. Les pauvres sont généralement fermement convaincus que l'argent attire le mal et qu'il est très difficile à produire, que sans chance on ne peut réussir. Ils croient que sans argent, il est impossible de faire d'argent, quelqu'un qui est né pauvre, il le restera ainsi. En même temps, ils sont convaincus que le montant de votre compte est lié à l'école terminée et à la profession choisie, à l'économie nationale ou à des relations sales, des vols et des affaires illégales. Je dis de suivre le chemin ou les conseils de ceux qui ne prennent pas de risques stupides, qui ont réussi partant de zéro, qui gagnent autant d'argent qu'ils en ont besoin, prennent leurs responsabilités, apprennent toujours, investissent, construisent leur vie, pensent à un niveau élevé et à long terme, ils sont positifs et savent comment mettre l'argent à profit pour eux.

> *Certaines personnes apparaissent dans votre vie comme une bénédiction, d'autres comme une leçon.*
>
> Mère Teresa

Créez des connexions. Toute personne connue s'ajoute au groupe de personnes qui peuvent vous aider et vous pouvez aider à la fois. Et jusque là, vous vous amusez ensemble.

Comment vous faire de nouveaux amis avec qui partager les mêmes idéaux?

Avant les fêtes, j'ai choisi de suivre un régime végétalien pendant un certain temps. C'est une diète, un style de vie, qui exclut la consommation des produits d'origine animale. C'était très intéressant. Quand je suis entré dans le supermarché où je fais habituellement mes achats, afin d'acheter pour la première fois des produits pour la diète végétalienne, il semblait d'y avoir été venu pour la première fois. J'ai trouvé beaucoup de produits qui, avant, je n'ai jamais remarqué, bien qu'ils soient là depuis toujours. Fruit de la passion (étrange), lait de coco, sauce au basilic, etc. En laissant cela de côté, j'ai découvert une autre chose intéressante. J'ai découvert qu'il y a une entière communauté de végétaliens, même les restaurants, les groupes en ligne. Si vous voulez vous faire des amis avec qui vous avez de nouveaux sujets à discuter, faites de nouvelles choses. Osez et essayez, surtout parce que vous n'avez qu'à apprendre de tout cela. Et, peut-être, vous trouvez même des choses qui changeront votre existence pour le mieux.

Entrez en politique avec de bonnes pensées. Vous y trouverez des personnes compétentes et influentes. Il n'y a rien de mal de lier des relations dans cet environnement, tant que vous vous approchez du bien et en plus de vos plans, vous souhaitez le bien de la communauté à laquelle vous appartenez.

Cela ne peut pas être bon pour vous si tout le monde autour de vous échoue. Aidez-les par tout moyen correct, et cette bonté sera de retour, bien sûr.

Trouvez des amis à travers le sport (salle, aérobie, jogging, natation, yoga), les loisirs (danse, photographie), en ligne (groupes axés sur divers sujets intéressants), événements sociaux, etc..

Faites des actes de charité. Nous n'avons pas besoin de quelqu'un uniquement lorsque c'est difficile pour nous, mais nous avons besoin les uns des autres, car nous sommes construits de cette façon. Nous devons apprendre et profiter des expériences de vie ensemble. Aidez ceux qui en ont besoin.

Et fuyez des gens qui ne tiennent pas parole. Le monde est plein de toutes sortes de gens, entourez-vous des professionnels.

Quand j'étais enfant et que j'habitais à Săvârşin, département d'Arad, j'étais fasciné par les trains et j'allais souvent à la gare pour les voir. Le signaleur annonçait un train à haut-parleurs qui faisaient d'écho partout: « Le train espress mille sept cent soixante-sept, de Timisoara, en direction Ilia Simeria Şibot, Alba - Iulia, Teiuş, Aiud Războieni, Cluj - Napoca, Vatra Dornei, Câmpulung Moldovenesc, Vamă, Gura Humorului, Suceava, Paşcani, Iaşi ... arrive en gare, sur la ligne trois. Attention, à la troisième ligne! ». En entendant ces mots, dans mon esprit enfantin, pauvre en connaissances, j'imaginais le train express comme une sorte de trans - sibérien.

Plus tard, j'ai appris qu'il était surnommé «La faim». Mais quand il faisait son apparition, avec le son assourdissant des trompettes électriques, des moteurs, des dizaines de freins et de roues, aussi gros qu'il était, il a semblé casser le sol. J'imaginais les immenses villes par lesquelles il passera : Şibot, Teiuş, Vatra Dornei. Je me demandais « Comment est Vatra Dornei, qu'est-ce qu'il y a là? » C'était une grande inconnue pour moi à ce moment-là. J'imaginais les lieux après leur nom. Même maintenant, après mon voyage à Teiuş, je ne peux pas séparer ce nom des sifflements du train. Sighet me parut une ville très lointaine. J'associais son nom aux neiges, au Pôle Nord, au Père Noël et à la fatigue des mécaniciens de locomotive.

Pendant ce temps, j'ai rencontré des gens de presque tous ces endroits, certains d'entre eux sont devenus mes très chers amis. Le monde est vaste, ne vous limitez pas à l'endroit où vous vivez, faites des amis partout.

Quand je suis arrivé au lycée à Timisoara, après Săvârşin, il me semblait d'avoir arrivé dans une métropole. Du quartier Circumvalaţiunii à la Place Rozelor, à pied, j'ai passé une éternité. Maintenant je suis à Londres et Timisoara me semble être une petite ville. La vie continue, nous changeons, nous nous adaptons, nous apprenons.

Quoi que vous fassiez, vous créez, puis vous devrez vivre dans le monde que vous avez créé. Choisissez de passer du temps avec des personnes qui vous inspirent, dans des lieux qui vous inspirent.

Organisez une fête et invitez des personnes influentes à participer, invitez des reporters et des journalistes. Il n'y a pas de honte à avoir ou à développer vos connaissances dans plusieurs domaines, tant qu'ils ne font aucun mal en les utilisant.

Demander de l'aide. Recherchez des personnes ou des institutions qui peuvent vous aider dans votre chemin ou qui sont créées spécialement pour cela. Eux et elles existent, mais ils ne viendront pas vous chercher, c'est votre devoir. Si vous ne me dites pas ce que vous pensez, je ne peux pas vous aider, même si je pourrais peut-être le faire. Vous ne pouvez pas attendre en silence, vous ne pouvez pas attendre que les gens lisent vos pensées.

Une fois que vous reconnaissez les valeurs qui vous tiendront toujours à la lumière, vous allez trouver des modèles autour et commencer à solidifier vos relations, commencez et programmez l'esprit vers l'éducation. Vous ne pouvez pas partir en route sans savoir vers où les pas se dirigeront.

CHAPITRE 5

APPRENEZ!

*Un investissement en connaissances paye les
meilleurs intérêts.*
Benjamin Franklin

L'ENSEIGNEMENT vous donne confiance en
vos propres forces. Mieux vous savez ce que
vous faites, mieux vous pourrez prendre des
décisions et comprendre ce qui est mal et ce qui est
bien. Mais cela prend du temps. Vous devez vous
donner du temps et de l'énergie pour obtenir ce que
vous voulez.

Pour devenir médecin, vous devez apprendre non
seulement 6 ans, combien de temps dure l'école, mais
bien d'autres années après. De plus, après qu'un
médecin apprenne et se spécialise, la médecine
évolue, l'équipement change, la façon dont la
médecine est pratiquée change, de nouveaux
médicaments apparaissent. Ensuite, pour devenir

enseignant, il faut apprendre, pour devenir électricien, soudeur, chauffeur, il faut apprendre. Plus l'activité que vous voulez faire est difficile, plus vous devez en apprendre. Pensez-vous que les affaires se font sans enseignement ? C'est faux ! Ceux qui font des affaires rentables sans apprendre sont des cas particuliers ou des personnes qui prennent beaucoup de risques. Pour devenir investisseur, il faut apprendre. Vous ne pouvez pas allez au risque, surtout lorsque vous ne pouvez pas vous permettre de risquer.

Si vous n'avez pas vu un cheval dans votre vie et voyez sur le ciel un nuage en forme de cheval, voyez en fait un simple nuage. Si vous êtes aveugle et touchez un morceau d'or, vous penserez que c'est une pierre. Apprenez pour comprendre ce que vous voyez, pour comprendre ce que vous entendez, pour distinguer l'or des pierres.

Apprenez plus sur les ventes, la comptabilité, les sites web, la commercialisation etc. Vous devez savoir quelque chose sur tout ce que vos employés feront.

Certaines personnes pensent que ce sera plus facile, plus tard, une fois que tout sera arrangé autour d'eux, mais si vous regardez clairement, c'est toujours plus difficile voire impossible plus tard. Le moment parfait n'existe pas. Apprenez maintenant ce que vous devez savoir pour plus tard.

Sachez–le, celui qui sème peu moissonnera peu, et celui qui sème abondamment moissonnera abondamment,

2 Corinthiens 9 : 6

Vous ne pouvez pas vous connaître sans auto-éducation, tel que vous ne connaissez pas la terre sans faire son tour ou sans apprendre des choses sur elle. Si je ne voyais pas le globe sous différentes formes et personne ne me dirait que la terre est ronde, probablement j'aurais voulu devenir astrologue pour découvrir la merveille. Et si je commençais, j'aurais perdu du temps précieux pour une leçon qui, maintenant, je peux l'apprendre si facilement des livres existants.

Apprenez des livres, apprenez des personnes compétentes, apprenez des cours gratuits ou payants, apprenez des livres religieux, apprenez d'où vous voulez. La connaissance vous rendra plus tolérant, plus modeste, meilleur.

Apprenez grâce à votre propre expérience. L'une des méthodes est de travailler gratuitement. Si vous ne l'avez pas fait auparavant, vous n'avez aucune idée de tout ce que vous pouvez apprendre de cette manière. Adressez des questions, trouvez un mentor, faites des amis pour apprendre, cherchez les bonnes personnes, même si vous devez travailler gratuitement. La récompense est bien plus précieuse que l'argent lui-même.

Apprenez à l'aide d'Internet. Google s'est développé, mais les gens ne l'utilisent toujours pas.

Un jour, au centre des Londres, j'attendais quelqu'un et à côté de moi un bus plein de jeunes étudiants est arrêté au feu rouge. Une dame parlait dans le micro, devant, à côté du chauffeur. Elle semblait le guide du groupe. J'ai été étonné quand le bus est passé devant moi et j'ai vu tous les jeunes boutonner leurs téléphones portables, personne ne regardait par la fenêtre. Le bus avait des plaques d'immatriculation étrangers, les touristes étaient probablement en Angleterre pour la première fois, au centre de Londres. Maintenant, combien de personnes utilisent Internet à sa vraie valeur ? La plupart perdent leur temps avec les pages des réseaux sociaux, perdant des images et des événements réels de leur voisinage immédiat. Utilisez l'Internet, mais ne devenez pas son esclave ! Ensuite, les taxes et les paiements en ligne, la communication, etc. ... apprenez à utiliser les outils du 21e siècle, en gagnant du temps et de l'énergie.

Découvrez l'environnement en ligne. Aujourd'hui, la présence en ligne est obligatoire.

Pour vous aider lors de la recherche d'informations en ligne, il est possible de trouver des opinions différentes. Il ne vous faut que peu de temps pour trouver la bonne source pour vous donner une réponse. Envoyez un e-mail et attendez une réponse correcte et d'actualité.

Vous devez prendre les choses au sérieux et découvrir ce dont vous avez besoin. Si vous voulez faire du parachute, il ne suffit pas d'avoir un parachute. Vous devez en savoir plus, pour votre propre sécurité. Vous devez lire à ce sujet, apprendre des autres et suivre leurs mouvements, faire un plan pour savoir par où commencer et où vous voulez aller et comment. Même si le parachutisme est amusant, vous devez le prendre très au sérieux. C'est la même chose en affaires.

Plus vous en saurez, mieux vous calculerez vos risques, et ils diminueront jusqu'à presque disparaître. Des choses inattendues peuvent arriver à tout moment. Lorsque vous avez d'autres personnes qui dépendent de votre entreprise, vous devez toujours être préparé.

Une personne intelligente peut également apprendre d'un imbécile. L'inverse est plus difficile.
François Rabelais

Gardez votre esprit ouvert. Si vous ne connaissez pas certaines choses, cela ne veut pas dire qu'elles n'existent pas. Soyez réceptif aux nouvelles et ouvert à l'apprentissage.

Renseignez-vous sur le côté juridique. Renseignez-vous sur les lois, les actes, les institutions, les règles, la comptabilité. Il ne suffit pas de chercher des gens pour ça. Si vous ne savez rien de ce qu'ils font, comment pouvez-vous en choisir l'un compétent ? En connaissant les lois, vous pouvez éviter certains paiements ou vous pouvez vous débarrasser de toutes sortes de documents supplémentaires, dans les limites de la loi. Si vous ne connaissez pas la loi, vous ne pouvez pas exercer vos droits.

Vous devez également apprendre de ceux qui ont vécu des expériences liées au domaine que vous avez choisi. Dans la vraie vie, certains calculs mathématiques ne correspondent pas, parfois il y a des baisses de prix, d'autres fois, vous êtes obligé d'acheter des produits plus chers, car vous êtes pressé. Parfois, 1 + 1 n'est pas égal à 2.

Et n'oubliez pas que les livres ne peuvent pas vous aider si vous ne les lisez pas.

Développez les compétences en affaires, mais assurez-vous de ne pas rester à ce niveau. Sécurisez votre temps. Sinon, il pourrait arriver de lire pendant des années, mais ne transformer aucune idée en réalité. Construisez votre espace dans lequel vous pouvez apprendre et travailler, un bureau.

Vous n'avez pas à avoir honte de vos échecs, apprenez d'eux et aller plus loin.

Je vous ai probablement perturbé avec tant de choses à apprendre, mais dans ce livre, nous ne parlons pas de votre transformation en vendeur au marché, mais de votre transformation en professionnel.

Soyez fidèles dans les petites choses car ce sont en elles que demeure votre force.

Mère Teresa

Cette journée est terminée. Soit nous avons tous appris quelque chose, soit nous étions paresseux. Ce n'est pas le cas avec vous, vous venez de terminer un chapitre important.

CHAPITRE 6

FAITES LES BONS CHOIX

Le monde a commencé par-là puisque Adam a vendu le paradis pour une pomme. Ça n`a pas été une fameuse spéculation, par exemple!

Honoré de Balzac

AFIN DE GERER une affaire rentable, vous devez avoir une bonne compréhension de la signification de ces deux mots: *revenus* et *dépenses*.

Revenu: l`argent qui appartient à une personne ou une compagnie provenant d`une activité exercée ou de la propriété détenue, pour une période de temps; gain, bénéfice. (DEX)

Est-il nécessaire de vous dire ce que signifie «dépense»? Il a! Lorsque vous achetez les carreaux les plus chers et un bain à remous pour la salle de bain de la maison où vous habitez, vous faites une dépense. Certainement pas un investissement, comment auriez-vous pu y penser. Les dépenses font partie de la vie quotidienne et tout le monde les connaît. Mais les revenus sont un peu plus difficiles à réaliser. Les revenus proviennent généralement d'un travail ou d'une affaire qui génère de l'argent. Ce sont vos "actifs". Plus vous en avez, plus vos revenus sont plus grands et le plus sûrs.

Les actifs peuvent être des propriétés immobilières achetées pour être louées aux autres personnes physiques ou morales. L'argent des actifs mensuels est ce qu`on considère un revenu passif. Je veux dire, sans travailler. Les actifs peuvent également être les propriétés intellectuelles, les affaires de toute nature, même l'éducation personnelle dans laquelle vous investissez est en quelque sorte un actif. Et les passifs sont ceux qui consomment votre argent. La voiture, la maison où vous vivez, la villa inutilisée dans les montagnes et, dans certains cas, pour faire une blague, votre partenaire de vie.

Si vous apprenez à mieux connaître le domaine dans lequel vous souhaitez investir, vous découvrirez quelle partie est l'investissement et laquelle, la spéculation.

Par exemple, dans l'immobilier, la spéculation, c'est quand vous achetez un appartement dans l'idée de le vendre plus cher au fil du temps et vous l'achetez au prix du marché, dans l'espoir qu'il grandira. Mais l'investissement est lorsque vous savez qu'un centre commercial important ouvrira à proximité de cet immeuble ou lorsque vous l'achetez à 75% du prix du marché. Autrement dit, vous gagnez déjà 25% lorsque vous achetez, puis vous gagnez de la location, puis vous pouvez le vendre à un prix d'au moins 100%. Il doit faire la distinction entre ces termes, actifs et passifs, l'investissement et la spéculation, de sorte que vous pouvez faire des affaires rentables basés sur des données concrètes. Il ne suffit pas d'être un homme d'affaires, il faut être un homme d'affaires avisé.

Lorsque vos dépenses augmentent (un enfant est né, vous déménagé dans une maison plus grande, vous achetez une meilleure voiture, etc.), ne vous concentrez pas sur l'épargne, mais sur la production. En vain vous continuez à demander d`où réduire, en vous consommant l'énergie. Mieux vaut mettre votre esprit au travail et produire l`argent dont vous avez besoin. Si vous voulez un chalet à la montagne, achetez-en un à un prix au moins 25% inférieur au niveau du marché. Recherchez ensuite un homme d'affaires local dans cette station montagnarde. Donnez—lui la clé du chalet et demandez – lui un loyer mensuel pour votre chalet, de sorte que son prix s`amortit seul dans 10 ans.

L'homme d'affaires trouvera des touristes pour se loger, mais cela ne vous intéresse pas. Vous pouvez utiliser le chalet deux mois par année. C'est une idée pour les chalets les moins chers de la montagne, pour ceux qui ne veulent pas acheter un chalet et devenir des carabiniers.

Lorsque vous achetez la maison pour vous-même, elle doit toujours être active. Vous augmentez sa valeur ou vous l'achetez en dessous du prix du marché. Même si c'est un appartement ou un studio. Ne perdez pas de vue le fait que vous êtes un homme d'affaires même pendant votre temps libre. Lorsque vous allez acheter la maison où vous vivrez, en plus de choisir le quartier, le design, le mobilier, n'oubliez pas le moment où vous devrez la vendre, au cas où cela se produirait. Gardez cet aspect à l'esprit, à la fois lors de l'achat et lorsque vous souhaitez faire des changements intérieurs et toutes sortes de dépenses.

Revenant aux affaires et élections, il compte beaucoup de commencer, mais il importe plus de terminer ou d'aller à un point prédéterminé que vous commencez.

Il est très important de commencer une faculté, mais il est encore plus important de la terminer. C'est important de commencer à courir, mais c'est encore plus important de le faire chaque semaine et après 20 semaines.

Recherchez des personnes déjà formées dans le domaine vers lequel vous vous dirigez. Par exemple, si vous avez besoin d'un site Web, apprenez tout ce que vous pouvez à son sujet, mais si vous voulez que quelqu'un le fasse, faites appel à un professionnel. Ou, si vous avez écrit un livre et que vous avez besoin de correction, faites appel à un professionnel. J'ai appris cela par expérience personnelle. Enfin, pour un travail bien fait, vous arriverez inévitablement chez les professionnels. Si vous ne les cherchez pas depuis le début, vous allez payer deux fois plus le même service. Si vous voulez faire quelque chose de bien, faites-le le bien dès le début.

Voici un exemple simple : dans l`un des appartements où les locataires vivent, la chaudière s`est cassée. Étant parti du pays pour une longue période, j`ai prié les locataires à chercher un plombier pour la réparer, de le payer, en suivant de diminuer du loyer pour le mois prochain. J'assume ces réparations en tant que propriétaire. Dit et fait. La réparation a été faite par une connaissance de la famille des locataires, un plombier, après son horaire de travail, avec la mention « J'ai fait tout ce que j'ai pu, tant que ça dure, ça dure ». Cela a coûté 100 lei. Plutôt, ça m`a coûté 100 lei. Deux semaines plus tard, le défaut est réapparu. J`ai dit d`appeler quelqu`un d`autre, d`une entreprise. La centrale thermique étant l`une spéciale, ils n'ont pas trouvé d'entreprise pour résoudre le problème, mais ils ont trouvé un autre plombier. Cela a coûté 80 lei supplémentaires, la chaudière fonctionnant encore quelques jours. C'était un problème d'eau chaude, un capteur. Enfin, j'ai appelé le bureau de représentation de l'entreprise qui a fabriqué ces chaudières, sis à Bucarest. Ils ont dit d`avoir des gens dans chaque département et enverront le lendemain quelqu'un pour réparer la centrale, après leurs avoir expliqué le problème et son effet. Le lendemain, la chaudière a été réparée par des professionnels sur ce modèle, la pièce défectueuse n'a pas été nettoyée, mais remplacée par une neuve, ils ont émis une facture, ont offert une garantie sur les travaux et le prix, combien pensez-vous que c'était ? 120 lei. Mon frère, ne pensez pas d`épargner l`argent en appelant aux plombiers travaillant « hors le programme ». Appelez aux professionnels qui s'assument la responsabilité. Vous résolvez plus rapidement ce qui doit être résolu, économisez de l'argent, recevez une garantie et réduisez le stress.

Un choix sage est d'être organisé. La désorganisation entraîne beaucoup de stress pour plusieurs raisons. Premièrement est que, étant désorganisé, vous oubliez. Vous oubliez de payer vos factures, vous oubliez d'appeler des partenaires, vous oubliez d'envoyer des e-mails, vous oubliez d'aller à une réunion. Une affaire ne peut pas être ainsi dirigée. Un autre motif pour lequel la désorganisation conduit au stress est que, ne sachant pas quoi faire, n'ayant pas un tableau clair des choses à résoudre, , ils semblent être beaucoup plus qu'ils ne le sont. La désorganisation se transforme en désordre qui fatigue l'esprit et ainsi de suite, une entière chaîne de problèmes amplifiés par une attitude désorganisée. Et, d'autre part, s'organiser améliore considérablement votre vie en général, clarifie votre réflexion et vous soulage de beaucoup de stress.

Toujours un choix sage est d'utiliser votre talent ou vos talents. Nous avons tous des tendances à des métiers ou activités qui deviennent des passions et que nous les connaissons mieux que beaucoup d'autres. Eh bien, ils doivent être utilisés. Si tous les hommes les utiliseraient, le monde sera meilleur. L'idée n'est pas de laisser votre passion comme une activité de fin de la semaine, mais de chercher à la transformer dans une activité qui vous apportera de belles journées et, en même temps, de l'argent. Nulle part vous ne donnerez une meilleure performance, que dans cet endroit qui vous fera vous réveiller le matin pour y arriver, avec un sourire sur votre visage.

Tandis que nombreux gens se disputent à propos d'un politicien - s'il vole, combien il vole - ou si des sinistrés arrivent, d`où ils viennent, où ils vont etc. ... ils ne réalisent pas qu'ils ne trouvent pas le temps d`'aider ou de s'aider eux-mêmes. En attendant les nouvelles à la télévision, ils n'ont pas le temps d'aimer et un esprit clair pour les gens, pas une vraie passion. À ce moment-là, d'autres se taisent et font. Si vous faites toujours attention à qui vole le plus ou qui fait quoi et où, vous ne trouvez plus le temps d`aider ou de vous aider. Vous n'avez plus de temps pour vos proches, pour la nature, pour votre rêve. Vous vous perdez dans un monde qui n'est pas le vôtre. Je ne comprends pas ce : si certains sont tellement intéressés de ce que les autres font, s`ils perdent des heures à regarder la télévision pour savoir ce qui se passe en dehors de leur milieu, mais lorsqu`ils marchent dans la rue et rencontrent un homme affamé et malade, pourquoi passent-ils négligemment?

Le téléviseur, les bavardages et l`oisiveté éloignent les gens du succès. Ils se concentrent sur rien et perdent de vue l`image d'ensemble. Ils ont l'esprit occupé, sont faciles à manipuler, sont dépendants et vulnérables.

Choisissez de prendre des décisions et d'en prendre la responsabilité, soyez mûr dans votre réflexion, sachez vos obligations et respectez vos promesses. De cette façon, vous ne pouvez pas échouer si vous avez de la patience. La patience n'est pas agréable, mais les résultats sont très précieux quand on a de la patience.

La sortie à la retraite entre toujours dans le chapitre Élections sages. Si vous avez un revenu suffisant et payez des impôts à l`État pour la retraite, c`est bien. Mais je ne sais pas si cette pension couvrira vos besoins. Pension privée ? Non ! Je ne mettrais jamais mon argent dans une pension privée, de l'argent auquel je n'aurais pas pleinement accès. De plus, je n'ai aucune idée de ce qu'il adviendra de cette entreprise dans les décennies à venir. Je préfère investir mon argent dans l'immobilier, ce qui apportera de l'argent sur les loyers et les retraites. Si vous avez trop d'argent, investissez dans des bijoux, des œuvres d'art, des terrains, etc. Vous pourrez en profiter à la vieillesse et ce sont des dépôts pour votre argent, beaucoup plus sûrs que les sociétés de retraite. À mon avis.

Faites des choix sages et changez le monde pour le mieux. Je crois qu'ensemble, nous pouvons changer le monde, mais pas par la lutte, mais par des actes purs. À travers de petits gestes, des gestes simples et sincères, qui, comme une onde de gentillesse, laveront le monde de la méchanceté. Soyez une goutte de cette énorme vague...

Voici, en quelques lignes, une conclusion sur quelques années de ma vie.

À savoir, dans les quelques années de maturité quand je me suis senti le plus protégé, en pleine sécurité, le plus confortable, en regardant de retour, je réalise qu`au moment respectif j`ai évolué le moins, j'ai vécu le moins, j`ai senti le moins et je n'ai presque rien construit.

Et pendant les années les plus difficiles, les années d'incertitude de ma vie, pendant les années de grands changements, je me suis développé le plus, j'ai vécu le plus, j'ai ressenti le plus, j'ai appris plus que je ne pensais pouvoir, j'ai construit le plus. Ainsi, «dur» ne signifie pas «mauvais».

Maintenant, j'essaie d'utiliser pleinement mon temps et mes ressources pour que je puisse construire plus. Parce que c'est devenu amusant. Et je ne veux pas, plus tard, de regretter d'avoir perdu des années et la force. Je fais tout ce que je peux. Une vie pleine d'excuses ne sert à personne, ni à moi, ni à vous, ni aux autres. Nous ne sommes pas nés pour nous plaindre, mais nous sommes nés pour vaincre!

Faites bouger les choses pour que vous aimiez le lundi. Suivez votre rêve!

CHAPITRE 7

OBJECTIFS ET VISION

I VOUS VOULEZ vivre une vie monotone, mettez des objectifs faciles et faites de petits pas. Si vous voulez vivre une vie avec des hauts et des bas, avec de nombreuses réalisations et devoirs et toutes sortes d'expériences dignes de raconter à vos petits-enfants, alors visez loin.

Jésus a dit: Car en vérité, si quelqu`un dit à cette montagne: « Retire-toi de la et jette-toi dans la mer » et s`il ne doute pas dans son cœur mais crois que ce qu`il dit arrive, il le verra accomplir. C`est pourquoi je vous dis: Tout ce que vous demanderez en priant, croyez que vous l`avez reçu et vous le verres s`accomplir.

Marc 11:23

Ceux qui pensent pouvoir réaliser leur rêve, ils ne le réaliseront jamais. Logique. C'est comme regarder le sommet d'une montagne, alors, à moi-même, je me dis que je ne peux pas l'escalader. Le résultat est que je n'essaierai même pas, car je ne pense pas pouvoir y arriver de toute façon. Si d'autres me tirent après eux et qu'ils doivent me remonter le moral tous les cent mètres, alors la route n'est plus agréable, donc cela ne vaut pas la peine. Mais quand je pense pouvoir grimper et me dis que je vais le faire à tout prix, les chances de réussir sont maximales, en plus, la route est agréable. Le plaisir du chemin est la clé du bonheur, aussi tôt dans une relation, dans le sport, l'art et affaires et autres. Si le bonheur ne durerait que lors de la cérémonie de remise des prix d'un athlète olympique, ce qu`on pourrait dire au sujet des années de travail, la passion, le dévouement? Cela vaudrait-il l'effort pendant tant d'années pour une journée de bonheur? Non! Mais le bonheur ne dure pas un jour, mais toutes ces années durent à travers de merveilleux souvenirs et d'autres activités agréables. Mais cet athlète a cru, dès le premier jour, au rêve de devenir champion.

Que les peurs vous éloignent de votre rêve, loin de votre but, loin de votre but, me semble une perte de vie!

Savez-vous comment? C'est comme avoir une heure de vie et une montagne devant vous. Tous les deux. Sinon, ce n'est rien. Ensuite, que vous montiez ou non, l`heure passe quand même.

Et vous, soit restez sur place ou tournez en cercle, en vous disant qu`il serait possible de vous arriver quelque chose en route, soit, vous commencez le chemin et montez, et montez, et montez et devenez imparable.

Nous avons également besoin d'un plan. Mais un plan, aussi bon soit-il, s'il n'est pas mis en pratique, devient inutile. Un plan, même s'il n'est pas le meilleur, mais mis en pratique, devient meilleur que le très bon, reporté indéfiniment.

Si je veux écrire un livre et me dis qu'il doit le terminer dans un an, peut-être que je n'écrirai pas du tout. Si je veux écrire un livre, je dois agir, mais avant cela, je détermine des limites plus simples, mais pour un avenir proche. Exemple: «La semaine prochaine, je dois écrire une heure par jour. Alors, peut-être que je finirai le livre dans six mois. Si je n'ai pas le temps d'écrire demain, j'écrirai le lendemain, deux heures". Donc, le plan doit être général, puis, sur chaque point, il faut établir un calendrier clair. Autre exemple: « Cette année, je veux aller plus souvent au gym. D'accord. Aujourd'hui, non, demain, non ». Et vous finissez par ne pas y aller. Si vous dites: « Plan clair, je veux perdre du poids ou mieux paraître. Je dois aller au gym tous les mardis, jeudis et samedis ». Établissez et faites des plans clairs avec des données. Notez vos plans, cela vous aidera à ne pas abandonner.

Hier, dans le train (mais ne le dire à personne), j'ai jeté un coup d'œil dans le cahier d'une femme qui était assise à côté de moi. J'ai vu que, après avoir réfléchi pendant un moment, elle a écrit quelque chose, après quoi elle a réfléchi encore et encore. Alors, que faisait-elle ? Elle remplissait une liste de choses à faire. J'ai pensé alors que certains de nous ont une liste simple. J'ai un tableau en Excel divisé en 12 pages, chacun pour un autre domaine. Je vais vous parler de lui un peu plus loin.

Cependant, il est très bon de faire un cahier ou un tableau avec des souhaits. De cette façon, vous aurez l'occasion de les revoir et de rechercher des solutions pour les atteindre. Sinon, vous les oublierez, vous serez toujours distrait par les autres à faire et vous n'agirez avec rien pour les toucher. Pensez loin et donnez à votre esprit de belles et nobles pensées, puis notez. Vous verrez plus tard à quel point cela compte.

Exemple de tableau. J'utilise une feuille de calcul Excel, qui contient plusieurs pages, chacune dédiée à un domaine. Le premier s'appelle « Argent » et se décompose en de nombreuses colonnes horizontales et verticales, colorées différemment selon les mois et les années. Revenus de loyers, dépenses, dettes, argent prêté à des tiers, etc. Je sais, si vous ne l'avez pas fait auparavant, cela semble compliqué. Je l`utilise environ 5 minutes par jour et il est très simple. La deuxième page est appelée « Banques », où j`ai passé des données liées de banques avec lesquelles je travaille, crédits, dépôts, numéro de téléphone. Ces données ne sont saisies qu'une seule fois, après quoi elles doivent être mises à jour de temps à autre. La troisième page est intitulée « À faire », qui est divisée en "Divers", "UK" et "RO". Ces tableaux sont tout ce que qu`il me faut, à partir d`appeler quelqu`un, jusqu`à la date quand la révision technique au véhicule expire. Également sur cette page, je garde mes objectifs que je les vois presque chaque fois que je suis assis devant l`ordinateur. La quatrième page est consacrée à l'écriture. Elle s'appelle « Livre » et contient tout ce qui concerne l'écriture, la publication, les contacts, des idées pour un nouveau livre, des idées de titres, etc. J'ai également des pages intitulées «Entreprise 1», «Entreprise 2», «Argent», «2016», etc. ... Je sais que cela semble compliqué et difficile, mais je me suis habitué ainsi depuis le moment où ce tableau contenait une page. Maintenant, je travaille sur deux écrans et j'ouvre toujours le tableau du côté droit, même si je la recouvre ensuite avec d'autres pages. Je l'enregistre entièrement, de temps en temps, sur une mémoire externe et c'est tout. Cela m'aide énormément dans tout ce que je fais.

Dans le chapitre «Valeurs», modèles et relations, nous avons un peu parlé des valeurs fondamentales, sans lesquelles vous ne pouvez pas vous fixez des objectifs clairs.

Ces valeurs personnelles aident non seulement à trouver et à négocier une bonne voie, mais vous protègent. A savoir, si vous respectez et aimez votre famille, l'une des valeurs dans lesquelles vous croyez est de prendre le dîner avec eux tous les soirs. En faisant cela, vous gardez la famille ensemble, mangez sans hâte, découvrez divers problèmes de vos proches, réduisez le stress. De plus, vous créez une nouvelle valeur pour vos enfants.

Ensuite, si vos valeurs sont la famille, l'amour, la santé, l'éducation, la nature, alors les opinions des autres, les éloges, les bavardes, etc. ils n'auront aucune importance.

Les valeurs vous aident, sans aucun doute, à vous fixer des objectifs pour l'avenir. Plus les valeurs sont propres et saines, les objectifs seront à mesure.

Si vous ne faites pas les choses par plaisir, comment peuvent-elles fonctionner à l'avenir?

Si vous voulez trouver des raisons de se plaindre aux autres de la vie dure que vous avez, vous pouvez le faire dans tous les pays, dans toute ville, dans chaque village.

Je connais quelqu'un qui se plaint toujours du manque d'argent. Pas depuis aujourd'hui ou hier, mais depuis que je me connais. Mais toujours depuis là, cette personne vit comme il y a plusieurs années. Dettes, argent à la limite et dettes, une banque, un autre prêt, des dépenses ordinaires. Travail désagréable, neuf heures par jour, dans une usine. Une vie qui peut être considérée comme dure, malheureuse.

Je me demande, si vous ne changez pas quelque chose, qui changera pour vous? J'en connais qui gagnent très peu, mais qui essaient de faire toutes sortes de trucs. Eh bien, une fois que vous arrêtez de les faire, le gain est perdu, et si vous ne vous arrêtez pas, le gain est très faible. Les premiers continuent à faire ce qu'ils ne veulent pas, ils n'ont pas assez d'argent, ils se plaignent tout le temps, ils s'attendent à un changement majeur de l'extérieur, ils vivent à la limite et ils ne changent rien d'eux-mêmes. Et le plus triste, c'est que les premiers et ceux qui font de petits trucs n'ont aucun but, et leur vision à long terme n'existe pas ou a une très triste histoire.

Croyez-moi, si vous ne fixez pas des objectifs clairs et un plan d'action pour votre vie, après 15 ans, vous serez dans lieu pareil, ou dans un endroit pire. Juste avec un coup de chance fantastique, les choses s`arrangeront pour vous de l`extérieur.

Si vous osez, attendez - votre chance. Si vous faites preuve de sagesse et de courage, essayez votre chance.

Apprendre des erreurs. Il n'est pas aussi grave de faire une erreur que de répéter une erreur. Si vous sentez que vous êtes sur le point de répéter certaines erreurs, demandez de l'aide aux autres.

N'oubliez jamais la motivation et les objectifs. Vous ne pouvez pas aller plus haut que vous ne l'aviez prévu où rêver d'escalader.

J'ai récemment été tenté d'acheter un chalet de montagne. Je me sentais comme un enfant devant la vitrine avec des bonbons. Dans mon esprit, ce morceau crémeux de confiture était en fait un chalet merveilleux et moins cher, situé dans un endroit de rêve. J'ai été tenté il y a quelques temps d'acheter un espace de bureaux à un très bon prix. Mais je n`ai pas dévié de mon plan d'avoir des propriétés immobilières, plus petites, louées. J`avais parlé de ce plan en détail dans le livre « La vie, le plus beau cadeau ». Le fait est qu'une fois que vous vous êtes fixé un objectif, si vous savez qu`il est bon et y croyez, essayez de ne pas vous éloigner de la route. Ce chalet de montagne est un merveilleux rêve de chacun d`entre nous, mais il doit venir à la suite de l'argent fait dans des affaires rentables, afin de ne pas me lier à une charrette qui consomme mon énergie, dans certains cas, pour la vie. Le chalet viendra plus tard.

Ne pas penser dans votre rêve est comme si vous pensez que vous ne pouvez pas donner la vie à un enfant ou de penser à le tuer avant qu'il soit né. Il y a aussi des gens qui veulent vraiment quelque chose, leur rêve est beau et pur, mais ils ne font pas confiance à leur propre force. De plus, ils ont peur des changements externes, qui peuvent bouleverser leurs plans. Je pense que vous pouvez déjà déduire mon opinion.

L'un de mes objectifs est de devenir libre en plan financier. J'ai commencé à acheter des propriétés immobilières avec de l'argent provenant du travail. Ensuite, avec l'argent épargné sur les loyers et le travail, puis avec l'argent des loyers, de la banque et du travail. Et voilà, je vais à l'avant. Le début est difficile, mais quand vous arrivez à trois, quatre, cinq, six propriétés, que vous les louez, les choses commencent à devenir très sérieuses, mais, d'autre part, plus réalistes et le but final commence à se rapprocher. C'est l'une de mes idées pour devenir indépendant. Je veux aller à la montagne à tout moment, boire mon café le matin et lire le journal à quelle heure je veux, pouvoir écrire le matin et pendant la journée, quand je suis plein d'énergie, etc. Bien sûr, je ne veux pas une vie libre pour dormir et regarder la télé toute la journée, mais l'une dans laquelle je consomme mon énergie sur ce que je veux.

De combien de propriétés avez-vous besoin pour arrêter de travailler? Cela dépend combien vous consommez. Si vos dépenses sont de 4500 lei/mois, alors il vous en faut autant que de produire ce montant de loyers encaissés. Cela dépend de l'emplacement, du loyer, de l'argent que vous dépensez mensuellement, ça pour rester au même niveau de vie comme dans le moment quand vous décidez d'arrêter à travailler. En général, je recommande plus de 8 studios. Pensez-vous que vous ne pouvez pas les avoir? Si vous pensez que oui, il faut savoir que c`est justement ce qui pensais en 2010, quand j`habitais dans un studio et mon unique bien de valeur était un véhicule de 1995 et un ordinateur portable. Après avoir acheté la première propriété, j'ai dit à un ami que je voulais voir si je pouvais en avoir 10. En attendant, c'est devenu un objectif concret de devenir financièrement libre.

Après des vacances rêvées depuis longtemps, rentrez-vous chez vous sans argent et recommencez-vous? Après avoir acheté une voiture, les dépenses ou les versements deviennent-ils un obstacle? Si vous souhaitez suivre un cours, devez-vous emprunter de l'argent pour le payer? Si vous avez répondu «oui!» à ces trois questions, vous vous rendez probablement déjà compte que vous êtes sur une voie qui doit être changée. Allez vers le futur avec des images claires de votre destination. Commencez chaque journée, le matin, regardant le tableau de vos rêves. Quel genre de journée a-t-elle commencé par des informations sur les problèmes, la pauvreté, la famine? Vous devez savoir ce qui se passe dans le monde, mais commencez la journée avec de l'énergie, soyez positif ! Planifiez votre esprit à quelque chose que vous voulez, pour améliorer le travail, quoi que vous fassiez ce jour-là. Vous aurez toujours en tête la destination et, pour cette raison, vous chercherez des solutions qui, tôt ou tard, commenceront à apparaître.

Pour votre corps, peu importe ce que vous ne mangez pas, mais ce que vous mangez. Et peu importe ce que vous ne buvez pas, mais ce que vous buvez.

Pour votre vie, peu importe ce que vous ne voulez pas, mais ce que vous voulez. Et peu importe ce que vous ne faites pas, mais ce que vous faites.

Chaque jour...

Si vous voyez le futur dans une lumière négative, créez cette réalité que vous le sentez. Si vous imaginez chaque jour votre destination comme un rêve, vous la ressentez ainsi. Plus vous le ressentirez, plus vous recevrez et donnerez d'énergie pour pouvoir arriver là où vous le souhaitez.

Vous rentrez du travail le soir, fatigué, sans envie de jouer. Les enfants sautent-ils dans vos bras et vous demandent-ils de jouer avec eux? Que faire? J'ai une connaissance qui a deux enfants, une épouse merveilleuse, mais peu de temps libre. Il a acheté deux maisons à Londres, avec de l'argent emprunté à la banque. Des sommes assez importantes, qu'il ne paiera probablement qu'à la retraite, s'il travaillait jusque-là de la même manière, c'est-à-dire même 6 ou 7 jours par semaine. Son salaire restera à peu près le même, il est donc à la limite de son argent chaque mois. Je ne pense pas que la semaine atteindra 8 jours pour pouvoir gagner plus. Sa vie sera consacrée au travail, à gagner de l'argent pour la banque. Que fera-t-il pendant la période où les pouvoirs le quitteront? Il y a toujours plusieurs façons de résoudre un problème, et c'est un problème majeur. Le sacrifice ultime, la vie ! Une vie donnée au travail, 7 jours sur 7, un travail désagréable, fatigant, pour certains objets. La solution est le changement, mais pas aléatoire, mais bien pensé. Vous avez besoin d'un objectif, d'un objectif clair. 600.000£. Comment pouvez-vous gagner cet argent? Travail quotidien, fatiguant, désagréable pour le rêve d'un autre homme, pour les 30 prochaines années, ou par une affaire? Ou mieux travailler 5 - 6 ans, apprendre et donner votre meilleur, après quoi, faire ce que vous aimez. Dans tous les cas, vous aurez ce que vous avez créé. Une connaissance qui travaille énormément, après avoir parlé d'argent, m`a dit: « Je suis tellement fatigué la nuit que je n'ai pas envie d'apprendre, de lire ». Eh bien, cela signifie que vous n'apprendrez jamais rien, et le chemin que vous allez restera le seul que vous le connaissez déjà?

Apprenez et devenez libre, la dépendance et la paresse peuvent détruire le bonheur et l'épanouissement!

Le chemin battu mène là où les autres sont arrivés, votre chemin mène là où vous voulez aller.

Emportez les choses où vous voulez, ne vous arrêtez pas au milieu de la route. Vous savez, si vous voulez traverser une route très fréquentée, à mi-chemin, vous ne vous arrêtez pas pour revenir en courant, n'est-ce pas? Premièrement parce que votre objectif est de passer, deuxièmement, parce que vous risquez d'être piétiné par une voiture, troisièmement, parce que du temps aurait été perdu, etc. Arrêtez-vous seulement lorsque vous sentez que vous êtes sur la mauvaise voie, mais ne revenez pas en arrière, changez simplement de direction.

> *Je veux chanter comme les oiseaux chantent, sans*
> *me soucier de ceux qui entendent ou de ce qu`ils*
> *pensent*
> *Rumi*

Passion, passion, passion! Si vous n`arrivez pas d`une manière ou l`autre de donner des passions à votre vie, vous avez vécu en vain. Essayez de faire ce que vous voulez, de créer ce que vous voulez, à condition de ne pas nuire aux autres en atteignant vos objectifs. Certains diront que vous êtes fou si vous suivez votre chemin. Il y a beaucoup de gens, même autour de nous, qui sont convaincus qu'il faut faire ce que tout le monde fait, sinon il y a quelque chose qui cloche chez toi. Si ces opinions vous intéressent, vous pouvez être sûr que vos objectifs, vos valeurs et votre vision sont pollués. N'écoutez pas ceux qui ne font pas grand-chose, il n'est pas bon de se soucier beaucoup de l'opinion de ceux qui ne résonnent pas avec vous. Vous devez faire ce que vous ressentez.

Pensez plus loin, donnez à votre esprit de belles et nobles pensées, puis notez-les. Vous verrez plus tard à quel point cela compte.
Visualisez toujours la destination et faites-vous confiance!

Un objectif intéressant peut-être pour vous de doubler votre temps libre. Une autre est d'avoir autant de temps libre que vous le souhaitez. Un autre peut être lié à la carrière ou aux passions, à la charité ou à la famille, etc.

Une fois que vous avez identifié vos objectifs, faites un peu chaque jour pour les atteindre. Ne pensez pas qu'ils sont loin dans le futur et vous commencerez plus tard. Commencez à faire quelque chose de petit aujourd'hui.

Imaginez-vous que vous pourriez en arriver au point où vous regrettez de ne pas être l'homme que vous pourriez devenir.

Commencez par la première étape et inventez votre vie! L'univers fait pousser ce que vous plantez. Plantez des pensées propres et belles!

CHAPITRE 8

LIEU DE TRAVAIL

*Rien de grand n'a jamais été accompli
sans enthousiasme.
Ralph Waldo Emerson*

VOUS-ETES né pour faire ce que vous faites maintenant?

I. il a travaillé toute sa vie sur les trains. G. a coupé du bois depuis toute sa vie. V. travaille dans un bureau des années et il a le temps à peine de faire un appel téléphonique un jour dans l'intérêt personnel. La plupart des gens ont un salaire pour gagner leur pain et, s'ils contractent des prêtes pour des besoins personnels, ils lient un canon de leur pied, probablement, à vie. Malheureusement ou heureusement, peu de gens ont une vie difficile. Pourquoi «malheureusement»? Quand vous avez un lieu chaud, vous avez peur de faire un changement, pour ne pas donner la place chaleureuse à une personne dont vous ne savez rien. Lorsqu'il est difficile, vous êtes obligé de faire un changement, ce qui ne peut être que pour le mieux. Quand vous êtes bien, mais il n'est pas assez difficile, vous ne savez pas quoi faire et vous attendez, attendez, attendez ... J'ai un ami qui n'aime pas son travail, mais qui ne s'y sent pas menacé et qui gagne assez bien. Pendant des années, il me dit combien de projets il a, combien il veut en faire, comment il abandonnerait son travail, mais il n'en a pas le courage. Au-delà des mots, pratiquement, entre-temps, il a contracté un prêt assez important auprès d'une banque, pour un appartement et une voiture. Maintenant, il se trouve dans une situation pire. Il lui n'est pas difficile, mais il ne va pas assez bien, les besoins pour une vie modeste sont couverts, mais même s'il veut quitter son lieu de travail et faire plus, il ne peut plus. Parce que ses taux bancaires doivent être payés chaque mois. C'est tout. *Fin de l'histoire* – comme dit l'anglais. D'où une question très claire : si vous voulez faire quelque chose de plus que ce que vous avez fait jusqu'à présent, financièrement, vous devez faire autre chose que ce que vous avez fait jusqu'à présent. Si vous continuez à faire ce que vous avez fait jusqu'à présent, sans un gain inattendu ou un héritage tombé du ciel, les choses ne changeront pas considérablement et dans les années à venir, vous vous retrouverez au même endroit.

Vendez votre vie, votre temps, votre argent et accomplissez le rêve d'un autre homme, plus courageux que vous.

Le lieu de travail qui n'apporte pas de bonheur, plutôt vous déprime, vous rend malade. L'endroit où vous n'êtes pas votre chef.

Quelqu'un - a dit: "Je sais ce que je veux, mais je ne veux pas". Bonne conversation ! Même si vous ne savez pas ce que vous voulez, il est bon de savoir au moins ce que vous ne voulez pas. Il est bon de savoir si vous voulez ou non travailler toute votre vie pour acheter des choses dont vous n'avez pas besoin. Il est bon de savoir que vous ne pouvez pas atteindre la vieillesse sans avoir vécu des rêves entre-temps.

La peur du changement est-elle la raison pour laquelle vous continuez dans la mauvaise direction?

Peut-être que vous avez réalisé des derniers chapitres quelle est mon opinion, qu'un travail n'a de sens que si vous aimez de tout cœur ce que vous faites là-bas.

Les raisons sont nombreuses. L'une d'elles est que pour avoir un emploi, vous devez exécuter les ordres de quelqu'un d'autre. Vous devez demander la permission de partir une demi-heure pour résoudre un problème personnel ou parfois faire des choses auxquelles vous ne croyez pas de tout votre cœur ou ne vous rendent pas heureux.

Le temps passé au travail est un temps vendu, alors que le lieu de travail n'est pas votre passion. Des heures et des jours et des mois et des années, il fallait y passer votre temps si précieux, dans un endroit où vous n'êtes pas épanoui et heureux.

J'ai des amis qui, après des années, sont restés au même endroit. Au même lieu de travail. Les mêmes problèmes, les mêmes histoires, les mêmes habitudes. Les années passent, la vie passe. Il est très triste que votre bonheur et vos rêves dépendent de certaines décisions d'autres personnes.

Vous avez certainement vu des gens qui travaillent dur et qui restent encore pauvres et tristes. Avez-vous déjà vu un singe dans une cage ? Il saute partout, grimpe dans les branches, lâche les cordes, sans cesse. Après des heures, des jours, des mois, des années d'efforts en escalade, il est dans la même cage. Le seul signe de changement est le vieillissement. L'action est inutile lorsqu'elle n'est pas utilisée là où elle est nécessaire. Jusqu'à ce que vous trouviez le chemin pour commencer avec enthousiasme, votre énergie se perdra dans des finalités dont les résultats seront toujours inférieurs à ce que vous pouvez offrir au monde.

Vous remercierez votre patron, vous obtiendrez une augmentation de salaire, vous serez choyé sur la tête, vous recevrez de petits cadeaux, vous obtiendrez des promotions, mais vous ne ferez jamais quelque chose d'extraordinaire de votre existence. Je parle d'une manière générale. Bien sûr, il y a des emplois que vous pouvez souhaiter et que vous ne pouvez pas faire vous-même. Si un homme est passionné par la recherche dans un domaine particulier, vous ne pouvez pas le faire à la maison ou sur compte propre. Mais si le travail ne vous rend pas heureux, vous ne pouvez pas être dans cette position. Au lieu de vous réveiller avec un sourire le matin, vous vous réveillez fatigué, manquant d'énergie et enthousiasme, sachant qu'il faut aller au travail.

La précipitation au travail, la précipitation pendant les pauses, la précipitation à la maison ne vous permet pas de vous sentir vivant. Vous abandonnez le sommeil doux du matin, pour courir là où vous ne vous sentez pas vivant. Votre sourire n'est pas naturel.

Pas une seule fois je n'ai appelé une connaissance qui m'a répondu: "Je ne peux pas parler, je suis au travail, je t'appellerai plus tard." Plus tard, il appelle: "Je suis en fuite, je dois rentrer à la maison, mais je dois encore courir ici et là." Triste! Est-ce que c'est la vie?

La bonne nouvelle est la suivante : vous pouvez gagner plus d'argent avec votre affaire que l'argent «sûr» que vous obtenez au travail.

Mais toi, non et non. Vous préférez travailler pour réaliser le rêve de quelqu'un d'autre, en abandonnant votre rêve.

Permettez-moi de vous parler un peu de T. qui a travaillé pour d'autres et qui se réjouit quand il peut voler quelque chose ou peut dormir au travail. Maintenant, des décennies plus tard, il fait de même. Il vole son chapeau. Il fait une sieste, boit une bière, et ainsi, peu à peu, sa vie passe. Une vie pleine de travail acharné et de vols, de temps et de vis. Il vit dans une maison sociale, dans un village, et vie d'un jour au lendemain! T. a construit des rêves pour les autres.

Un autre, M., a gagné des dizaines de milliers d'euros à l'étranger, après quoi il a construit une grande maison, avec un étage, qui ne se termine jamais. Il y a toujours quelque chose à faire là-bas, et il doit travailler sans arrêt, du matin au soir, pour sa maison, qui est trop grande. Quelques pièces restent inactives. Il a utilisé des matériaux de qualité et a mis son cœur dans chaque coin de la maison, c'est pourquoi, dit-il, ne mérite pas de vendre. Ce qu'il ne dit pas, c'est qu'il ne récupérera jamais l'argent investi ou le travail. Ainsi, il reste prisonnier de ce cercle de travail quotidien pour un bâtiment qui consomme sans cesse, en vain. Cela vaut-il la peine de travailler toute une vie pour quelque chose comme ça?

Si vous vous trouvez dans une position où vous ne pouvez pas encore démarrer une affaire, mais que vous souhaitez préparer le terrain, même si vous avez encore un emploi, ne pensez pas en termes généraux et n'attendez pas un instant pour démarrer, mais commencez maintenant. Utilisez votre temps libre. Cela fera une différence, et une fois que vous serez sur le point de quitter le travail pour votre affaire, vous serez sur la vague. Chaque détail compte beaucoup. Par exemple, j'ai appris moi-même à me créer un site Web et cela a pris deux semaines, une heure - deux par jour. Je ne l'ai pas fait par manque d'argent, mais par curiosité. Je me suis demandé comment faire, qu'est-ce qui est si difficile à ce sujet ? J'ai cherché sur Google et YouTube, après quoi j'ai réalisé tout ce que je voulais. Ce n'est pas difficile, cela prend du temps, mais ça vaut le coup. Car, à l'avenir, lorsque vous aurez une boutique en ligne, vous saurez de quoi il s'agit, lorsqu'un problème survient ou vos employés vous diront que "ce n'est pas possible".

Ou vous pouvez perdre votre travail, que de toute façon vous ne l'aimez pas. Ne désespérez pas! C'est la meilleure chose qui puisse vous arriver. Un changement qui, dans d'autres conditions, ne serait pas venu. Comment trouver un nouvel emploi? C'est le sujet du livre, mais je peux vous dire une seule chose : Recherchez votre passion. Recherchez ensuite un emploi connexe. Ne cherchez pas d'abord un emploi, ne cherchez pas un meilleur salaire. Cherchez du plaisir et un endroit pour vous sentir bien, donnez à votre monde votre énergie et vos actions positives, un endroit pour vider votre esprit et rassembler vos forces.

Les gens sont aveuglés, dans les mauvais emplois, par une augmentation de salaire de quelques pourcents ou par de petits cadeaux. Vous savez comment travailler huit ou neuf heures dans un environnement toxique ? Quand je dis « environnement toxique » ici ne se réfère pas aux poisons ou produits chimiques, mais l'endroit qui, d'une manière ou d'autre, détruit votre santé physique et mentale. Soit parce que votre patron est agressif, soit à cause du stress ou parce que vous sentez que ce n'est pas votre place, soit parce que les règles ne sont pas respectées, etc.

Quand j'étais chef dans une usine où ils travaillent dur, même les femmes enceintes, je n'avais aucune idée qu'il existe d'autres solutions. Ce n'est qu'alors, avec le temps, que j'ai trouvé un moyen de quitter ce travail, par une nouvelle affaire de bijoux en argent. La peur de changement m'a tenu sur la mauvaise route, jusqu'à ce que j'ai réalisé que c'est pire de ne pas faire de changements. Ensuite, j'ai découvert que je pouvais être libre et gagner plus d'argent, et que la vie n'était pas conçue pour l'homme de la passer dans un endroit où il ne se sent pas heureux. C'est une lutte pour la survie, pas pour la vie et la joie. Lorsque vous donnez le temps et l'énergie de la vie pour l'argent pour acheter de la nourriture et un toit au- dessus de votre tête, vous vivez pour rien.

Je parlais avec une dame d'une institution de Londres. La discussion s'est portée sur le lieu de travail et elle me dit en soupirant:

- Eh... nous avons tous besoin d'un travail.
- Pourquoi? J'ai demandé.
- Parce que tout le monde a un travail, comment faire autrement? répondit-elle avec étonnement.
-     Quiconque choisit d'avoir un emploi a un travail. Mais si vous vendez votre maison à Londres, vous pouvez vivre toute une vie, le ventre au soleil, dans un autre pays, probablement en Indonésie. Bali sonne bien... Ceci est un exemple, je lui ai dit, peut-être que ce n'est pas le meilleur, mais ici vous n'êtes pas obligé d'avoir un travail, mais c'est votre choix.

Après quelques secondes de silence, elle a parlé d'autre chose.

Cependant, si vous choisissez d'avoir un emploi et que vous pensez que c'est mieux pour vous que de commencer à travailler seul, alors choisissez au moins un emploi qui vous apportera bonheur et épanouissement. Si vous souhaitez travailler dans la recherche ou dans tout autre domaine passionnant, faites tout votre possible pour y arriver.

Par contre, si vous dites que vous voulez un emploi, cela signifie que vous ne savez pas ce que vous voulez ou que vous ne connaissez pas très bien un domaine d'activité. Si vous ne savez pas ce que vous voulez, vous devez retourner à vos passions. Si vous ne savez rien, alors vous devez apprendre.

Donc, si vous vous rendez à un entretien, vous devez savoir une chose: les entreprises ont du mal à trouver des personnes formées! Ils disent que personne n'est irremplaçable, mais croyez-moi, la direction de la société a beaucoup de mal à trouver les bonnes personnes ou presque aptes à des postes vacants. Chaque propriétaire d'entreprise veut les bons employés. C'est à ça qu'eux, ces derniers, doivent apprendre facilement, s'adapter, être sociables, responsables, actifs, etc. Devenez le bon employé et vous verrez à quel point il est facile de trouver un emploi. Ne cherchez pas d'emploi comme source de revenus. Trouvez un travail que vous aimez et qui vous fera sortir du lit le matin. Eh bien, lorsque vous arrivez à l'entretien, pour l'emploi sagement choisi, assurez la personne avec laquelle vous vous entretenez que vous êtes l'homme adéquat. N'attendez pas qu'il vous adresse des questions, expliquez-lui combien vous souhaitez y travailler. Assurez-le de travailler pour hausser l'entreprise et donnez-lui des exemples d'idées auparavant pensées, au moment quand vous avez étudié l'entreprise qui vous a appelé pour un entretien. La plupart des intervieweurs sont submergés d'émotion. Si vous savez que ce travail vous convient, ne vous inquiétez pas. Ils vous veulent plus que vous ne le souhaitez!

Proposez-le d'accepter pour travailler pour eux pendant un mois sur le salaire minimum dans l'économie, pour leur montrer ce que vous pouvez faire. As-tu le courage? Je suis sûr qu'ils vous embaucheront!

Dans la lettre d'intention, insistez sur le fait que vous aimez le domaine que vous avez choisi et que vous voulez y faire quelque chose de formidable, car c'est ce que vous aimez faire. Vous ne cherchez pas seulement un emploi pour rentrer chez vous, mais pour partir de chez vous!

Pour revenir, la question est la suivante: des variantes existent, il faut les trouver. C'est un jeu auquel peu de gens jouent. La plupart choisissent le chemin le plus simple, mais aussi le plus difficile, à savoir accepter ce que la vie offre. Le chemin le plus compliqué est difficile pendant un certain temps. Si vous ne travaillez pas pour vous-même maintenant et ne prenez pas de risques, vous travaillerez à vie pour les autres.

Il y a quelques années, je travaillais dans une usine et j'avais environ 150 personnes subordonnées, j'ai déjà dit. Mais, j'avais des collègues merveilleux, cependant, à cause du stress et des charges de travail, dans notre temps libre, au football, à un café, pendant la fin de la semaine ou en congé, nous parlions uniquement de travail. C'est devenu une obsession, un stress, un mode de vie. Je travaillais la nuit et parfois, le jour, je restais aux cours payés par l'entreprise, pensant de nous développer la façon de penser. En réalité, nous étions mentalement programmés pour travailler plus dur et mieux. Ils nous ont formés. D'une part, c'était vrai, nous développons des compétences, mais pas pour notre propre bénéfice, mais pour le bénéfice de l'entreprise. Ils nous ont transformés en robots. Un jour, j'ai réalisé que je devais partir. Je ne savais pas exactement ce que je voulais faire, mais je savais que je ne voulais pas rester là-bas. Après avoir présenté ma démission, qui, après des longues discussions, a été à peine acceptée, j'ai commencé à recevoir même des avertissements de la famille comme: « Tel lieu de travail royal tu ne peux plus trouver » ou « Tu ne sais pas à quoi renonce, c'était bien là-bas pour toi ». Je ne veux plus entrer dans les détails... Je suis allé faire autre chose, tout seul. Je veux dire, du travail à quelqu'un d'autre, travailler pour moi. C'était une expérience fantastique. C'est ainsi que j'en suis venu à voir à quoi ressemble la liberté. J'en suis venu à aimer lundi. J'ai commencé à prendre le petit déjeuner en paix, tous les matins. Ensuite, j'ai le temps de savourer le café. Je n'aurais pas dû me coucher plus tôt dans la soirée, car le matin je pouvais me réveiller à ma guise.

Eh bien, savez-vous ce que certains diront ? Si nous tous quittons les lieux de travail, qui travaillerait dans des usines ou des entreprises ? Réponse : Beaucoup travailleront, qui ne lisent pas de tels livres, qui n'apprennent pas et ne veulent pas croire qu'il existe des options. Malheureusement, ils travailleront pour les autres, même jusqu'à la vieillesse !

Si votre travail n'est pas agréable et que vous ne vous sentez pas heureux là-bas, voici quelques lignes qui peuvent vous faire penser ou qui peuvent être des signes d'un besoin de changement.

1. Vous n'aimez pas ce que vous faites là-bas.

2. C'est un environnement toxique.

3. Votre horaire de travail est inconfortable.

4. Vous ressentez le besoin d'un changement de carrière.

5. Vous gagnez moins que ce dont vous avez besoin.

6. Vous ne vous sentez pas bien au travail.

7. Ne vous amusez pas au travail.

8. Le lieu ou l'environnement de travail ne correspond pas à vos valeurs.

9. Le lieu de travail ou l'environnement vous tire vers le bas.

10. Cela crée beaucoup de stress pour vous.

11. Vous ne vous entendez pas avec vos supérieurs ou vos collègues.

12. Ne vous développez pas intellectuellement.

13. Vous vous ennuyez pendant le programme.

14. Vous sentez que vous n'avez pas de vie personnelle.

15. Vous ne pouvez pas avancer.

17. Vos opinions ne sont pas appréciées.

18. Vous ne vous sentez pas respecté.

19. Vous êtes souvent critiqué.

20. On ne vous dit jamais "Merci!"

21. Vous sentez que vous n'avez aucun but.

22. Vous sentez que vous ne comptez pas pour votre patron.

23. Vous ne pouvez pas développer votre créativité.

24. Cela n'a rien à voir avec aucune de vos passions.

25. N'allez pas travailler avec enthousiasme.

26. Vous n'avez rien à apprendre.

27. Vous détestez votre travail.

28. Vous aimez le vendredi plus que le lundi.

29. Votre santé est affectée.

30. Cela affecte négativement votre vie privée.

31. Vous obtenez plus de tâches que vous ne pouvez en faire pendant le programme.

32. Vos collègues commencent à quitter l'entreprise.

33. Votre corps vous dit que votre place n'est pas là.

34. Vous avez perdu tout intérêt.

35. Vous perdez trop de temps sur le chemin du travail.

36. Il y a trop de bavards autour.

37. La communication laisse beaucoup à désirer.

38. Les conditions de sécurité sont précaires.

39. Vous attendez une avance depuis de nombreuses années.

ou simplement...

40. Vous voulez travailler pour vous-même!

Ainsi, si vous souhaitez quitter votre emploi et prendre la responsabilité d'élaborer vous-même un plan d'affaires, vous avez d'abord besoin d'un plan de s'en sortir.

Si vous réalisez que votre travail n'est pas ce qui vous apporte de la joie ou vous aide à évoluer ou à faire de vous ce que vous donnez le meilleur au monde, alors vous devez y renoncer. Vous devez fuir de l'endroit où le temps de votre vie est inutile. Mais le changement doit intervenir au bon moment, pas du jour au lendemain. Des choses comme celle-ci doivent être pensées et planifiées à l'avance. Avant de vous lancer dans votre nouvelle aventure, vous pouvez contracter un prêt bancaire pour démarrer une affaire que vous connaissez déjà suffisamment, afin de savoir dans quoi vous vous embarquez, ou vous pouvez d'abord collecter des fonds pour gagner votre vie pendant les prochains mois ou années. On ne peut pas se jeter dans l'inconnu, car il ne suffit pas de rêver, il faut vivre. Pour cela, vous avez besoin d'argent.

CHAPITRE 9

IL Y AURA BEAUCOUP A FAIRE

Dirigez votre entreprise,
ne la laissez pas vous guider.
Benjamin Franklin

CE SERA du travail!

Pour qu'une affaire se développe, elle passe également par des étapes d'effondrement. Vous devez être prêt pour cela et doit être au courant des périodes lourdes qui pourraient suivre. Une affaire n'est pas une ligne qui monte à l'infini, mais elle a des hauts et des bas.

Vous pouvez vous attendre, le long du chemin à suivre, aux crises financières, aux modifications de législation, aux problèmes de toute nature. Comme je l'ai dit dans un chapitre précédent, 1+1 n'est pas toujours égal à 2. Il pourrait passer par des moments de dépression. Si cela se produit, vous devez savoir que la dépression est un signe que votre corps vous dit que vous avez besoin d'une pause. Avec ce signe, vous réalisez que vous devez réinitialiser quelque chose, puis vous commencez à faire ce que vous pensez être le mieux pour vous. La dépression est comme la piqûre du ventre que vous ressentez lorsque vous courez trop et vise à arrêter la course. Si ce signe n'existait pas, vous couriez jusqu'à votre mort. Appréciez ces signes et écoutez-les. Votre corps vous montrera toujours si vous êtes sur la bonne ou la mauvaise voie.

Vous pouvez également vous attendre à des problèmes liés aux personnes, qu'il s'agisse d'employés ou de collaborateurs. Je vous le dis honnêtement, pour ne pas énumérer les problèmes possibles: tant de maux peuvent arriver que je pourrais en remplir un chapitre entier. Mais qu'importe? Il peut apparaître un problème au parcours, il peut y apparaître l'une ou l'autre. Peut-être qu'un monstre se cache juste sous votre lit ! Avancez, ne vous arrêtez pas !

Tout ce que vous devez savoir, c'est que des problèmes peuvent survenir, c'est pourquoi ils doivent venir quand vous êtes préparés le plus possible et les résoudre autant que vous le pouvez. C'est tout.

À propos des périodes de récession: il y a des cycles d'activité économique à la baisse et à la hausse. J'ai vu des affaires qui sont nés dans une période de crise économique et d'affaires échouées à la pointe économique. Cela dépend beaucoup de la façon dont vous gérez une affaire. Par exemple, il est vrai qu'en temps de crise, les chambres de la pension à la montagne ne seront pas occupées en totalité, mais, si vous offrez quelque chose d'inédit à votre pension, nombreux de gens y viendront même pendant la crise. Ou la location sauve les propriétés immobilières en temps de crise financière. Vous ne pouvez pas contrôler l'économie du pays, mais vous pouvez contrôler les revenus générés par votre propriété.

Si vous êtes irrité par chaque frottement,
comment allez-vous être poli?

Rumi

Je vis actuellement en location, même si j'ai plusieurs propriétés à louer. Si vous avez une famille nombreuse et que vous souhaitez acheter votre propre maison, bien sûr, vous devez le faire et cela vaut tout le confort choisi. Mais tant que vous choisissez de louer, ça va.

Certains disent que vous ne pouvez pas trouver de locataires partout sauf dans les grandes villes riches. Moi, depuis que j'ai acheté le premier immeuble à louer, il n'a existé aucun moment sans avoir des locataires, même pendant la crise financière. Cela dépend beaucoup de la façon dont vous savez comment trouver ce dont vous avez besoin. La télévision annonce une crise des lieux de travail, la fermeture des fabriques, la baisse du nombre d'étudiants, des propriétaires à la recherche de locataires, mais moi, je recevais des messages : « Tu ne sais pas quelque chose à lour à long terme? »

Revenir. Imaginez-vous qu'avant la crise, vous avez acheté un studio à louer (un actif), avec 100 lei. Après un an, son prix est tombé à 80. Si vous l'avez donné en location avec 1 leu par mois, en 5 ans vous avez fait 60 lei. En diminuant vos dépenses, il vous restait 40 sous. La crise financière est terminée, vous avez un actif d'une valeur de 90 bani, en croissance, plus 40 dans la poche. Total 130. En croissance, bien sûr!

Les locataires doivent être conservés. Tout d'abord, ce ne sont pas des chiffres, mais des personnes. Vous devez vous assurer qu'ils vont bien. Si c'est bon pour eux, c'est bon pour vous aussi. Ce que vous faites si tous les six mois vous restez avec une propriété vide, et jusqu'à la prochaine location perdez un mois de profit. Si cela se produit deux fois par an, sur dix propriétés, vous perdez 20 mois de profit.

Que devez-vous faire pour garder vos locataires ? Soyez ami avec eux, accordez de l'attention. Aidez-les et offrez-les la chance de vous aider, à leur tour. Pensez-vous d'avoir la chance que les gens entrent dans votre vie de cette façon. Appréciez ce fait et appréciez-le!

Faites des cadeaux ! Achetez des meubles ou modernisez une partie de la propriété. Vous êtes celui qui a l'argent, ce sont eux qui ont besoin d'un espace de vie.

Le loyer pour les deux mois dont je parlais ci-dessus réinvestissez dans la propriété louée. Ou au moins l'argent sur le loyer pendant un mois.

Ils apprécieront beaucoup cela.

Ensuite, lorsque vous vous sentez perdu, lorsque vous traversez une période difficile, votre énergie disparaît. Vous perdez votre confiance et votre force.

Si à ce moment-là vous découvrez, par exemple, que vous avez gagné à la loterie ou qu'un être cher vient pour vous voir, vous sauterez de joie et l'énergie revient en force.

Qu'est-ce que cela veut dire ? Cela signifie que votre pouvoir est déjà en vous et votre esprit, en fonction de facteurs externes, intensifie ou menotte. L'attitude envers les facteurs externes fait la différence. Ces facteurs soit vous détruisent la vie, soit vous donnent l'énergie. Votre attitude fait une différence, mais cela demande une longue discipline. Rien ne vient du jour au lendemain.

Nous avons déjà parlé des peurs, mais je peux aussi dire que beaucoup ont plus peur de la vie que de la mort. Vous n'êtes pas obligé de céder à des pensées qui vous tirent vers le bas et vous font frissonner face aux problèmes. Essayez de voir la vie comme un jeu. Dans ses règles, il y a la solution des provocations

Il y a des gens qui perdent leur famille pour rien, en raison de la peur.

Vous devez savoir que nous ne sommes pas égaux. Certains doivent travailler plus dur que d'autres pour atteindre un niveau d'égalité. J'ai donné des années de ma vie pour arriver là où les autres l'étaient déjà. Mais, je fais cette comparaison pour vous, pour en tirer des leçons, pour moi je m'en fiche. Je suis beaucoup plus haut qu'il y a quelques années et cela me suffit - c'est la seule comparaison que je fais pour moi-même.

Avant de démarrer une affaire, il est bon de savoir qu'elle n'a peut-être pas une longue durée de vie. Soit le marché est saturé, soit vous ne pouvez pas vous adapter aux exigences. Dans les bons moments, mettez de l'argent de côté. Bien sûr, vous allez commencer une autre affaire, si la première n'arrive pas à répondre à vos attentes, mais si vous produisez des montants considérables, mettez de l'argent en actifs, pour plus tard.

Ne vous jetez pas sur les voitures, les montres et les maisons pour un profit immédiat. Réinvestissez-en vous et dans votre affaire. Les dépenses pour « caprices » vous allez faire avec l'argent provenant des actifs acquis des affaires. Exemple: vous avez ouvert un lave-auto. Une fois que vous avez acheté un studio de ton bénéfice, et le studio produit le loyer, le loyer collecté dans quelques années peut apporter des excursions, une nouvelle voiture, etc. Quoi qu'il en soit, j'espère que vous ne recherchez pas la perfection, mais le plaisir.

Peu importe ce qui se passe, n'abandonnez pas!

Entrer en affaires signifie en même temps d'assumer des responsabilités. Je veux vous dire quelque chose sur votre relation avec les futurs employés, parce qu'il est possible d'arriver à créer des lieux de travail. Vous fuyez d'un emploi, mais donnez-le à d'autres? Faites une différence, précisément parce que vous y êtes allé. N'oubliez pas pourquoi vous n'avez pas aimé l'ancien emploi lorsque vous embauchez quelqu'un dans votre entreprise. Comprenez les gens, mais choisissez les meilleurs. Ne choisissez pas des gens qui travaillent à bon marché, choisissez des gens qui sont bons dans ce qu'ils ont à faire, des gens qui sont passionnés par les choses qui sont utiles pour votre entreprise. Embauchez correctement, qu'ils méritent ce que vous être heureux d'offrir. Et, même s'ils partent, comme vous êtes parti, il vaut mieux avoir une bonne équipe temporairement, qu'une équipe médiocre et paresseuse, pour toujours.

Dans certains domaines, vous pouvez travailler avec des vendeurs à la commission, mais assurez-vous qu'ils sont bons dans ce qu'ils font. Il ne sert à rien de perdre du temps avec des gens qui vous retiennent ou, pire, vous embarrassent.

Et concentrez-vous sur l'idée de redonner au monde, de donner un coup d'aide que peut-être vous l'avez obtenu, même s'il n'était pas l'un matériel. Créez des emplois pour ceux qui veulent apprendre et devenir meilleurs et pour ceux qui ont besoin d'un départ, pas d'argent.

J'ai été aidé, j'ai reçu la confiance et le soutien. Peut-être pas autant que je l'aurais souhaité ou peut-être pas comme je m'y attendais, mais j'ai obtenu de l'aide. Tout se fait ensemble, même si on ne le voit pas. Aidez les autres aussi. Ne comptez pas seulement vos pertes, comptez rendre une faveur au monde.

Aidez quelqu'un qui vient devant vous. Mais, aidez-le d'apprendre. En vain donnez-vous de la nourriture à celui qui peut gagner sa propre nourriture, si vous ne lui donnez pas un rêve, un but, un outil grâce auquel il peut se débrouiller sans vous. Élevez les gens, ne nourrissez pas leur pauvreté.

Inspirez les gens ! Améliorez leur vie ! Après tout, si vous ne changez pas la vie des autres pour le mieux, vous pouvez dire que vous n'avez pas fait grande chose sur Terre. Qu'est-ce que vous faites aujourd'hui pour les autres ?

Souvenez-vous dans vos rêves quand vous faites quelque chose de bien pour l'humanité.

Pour le reste, vous réussirez! Si c'est ce que vous recherchez et insistez, c'est ce que vous obtiendrez!

Combien de fois avez-vous entendu quelqu'un dire cela? La plupart des gens ne réussissent pas parce qu'ils ont peur de succès. Ils ont peur d'eux-mêmes.

CHAPITRE 10

GAGNER DE L'ARGENT

ETRE HOMME d'affaires ne signifie pas avoir de l'argent, mais savoir s'en servir.

Tout d'abord, il devrait prendre en considération : «L'argent ne peut pas être fait à tout prix ». Tout au long de votre voyage à travers la vie vous devez rester un homme honnête, intègre, de bonne réputation!

Cela étant dit, si vous voulez travailler pour vous-même, vous devez trouver quelque part, entre autres, de l'argent. Si vous pensez que c'est facile, vous avez raison, si vous pensez que c'est difficile, vous avez encore raison. Si vous pensez que c'est difficile, je vais vous dire qu'il est plus difficile de travailler toute une vie sur les ordres des autres et entre des heures fixes.

Parlons un peu de l'argent et de ce qui peut leur arriver. Je vais commencer par une histoire vraie et triste. Le moment où Madame E. a demandé un prêt assez important, en particulier pour un couple de retraités qui a mené une vie difficile, je ne savais pas que bientôt, ils resteront sans abri à cause des dettes.

Elle m`a appelé un jour en 2009 pour me dire qu'elle a un besoin urgent de 700 euros sans que son mari trouve, le dernier souffrant d'une maladie cardiaque. En les connaissant, de bonnes personnes, je lui ai donné l`argent, en nous rencontrant sans que son époux sache, à un coin de rue, comme des criminels. Après une brève discussion, de laquelle je n`ai rien compris, elle a promis de rembourser l`argent dans une semaine, en me priant de nouveau de tenir secret de G., son époux malade. J'ai été surpris de la situation, sachant que, il n'y a pas longtemps, elle a prêté une somme considérable à la banque, pour rénover son appartement, même si je n'ai pas vu de très grands changements dans leur appartement.

J`allais parfois en visite chez eux, ayant une passion commune avec Monsieur G., dans le domaine de l'électronique. Il était bon dans ce domaine, étant un ancien directeur de la communication pendant les années communistes, signe qu'ils avaient vécu une vie riche. Ça fait plus d'une semaine et Mme E. n'a pas appelé. Quand j'ai appelé, pour demander de la dette, elle s'est mise à pleurer, disant qu'elle devrait recevoir de l'argent d'ailleurs et d`avoir un peu de patience. Enfin, j'ai reçu l'argent en cinq versements, à peine étalés sur une période de plusieurs semaines.

Après peu de temps, Madame E. m`a appelé et m`a invité à prendre un café chez eux, pour parler, tous les trois. Très surpris, j'y suis arrivé au bout de quelques heures. Ils pleuraient tous les deux. Voir un vieil homme pleurer, alors qu'il n'est même pas un membre de famille, est une expérience rare. Il la blâmait, parlant saccadé alors qu'il essuyait ses larmes. Elle ne voulait pas parler. Je me suis assis dans le fauteuil, sous une bibliothèque, entre deux armoires à côté d'une table recouverte d'un napperon, sur laquelle un café m'attendait dans une petite tasse, près d`une soucoupe comme cendrier. Monsieur G. était assis sur le canapé et Mme E. était assise sur une petite chaise à trois pieds près de la fenêtre. Dans le silence percé seulement de quelques sanglots, j`ai allumé une cigarette dont la fumée balayait en quelques secondes toute la pièce, une salle à manger plutôt petite, façon appartement.

- Je vous écoute! dis-je, sur le ton d'un professeur qui va examiner les bons élèves.

- Dit-lui ce que t`as fait ! a crié Monsieur G.

Madame E. a sorti une cigarette d`un paquet de carton, l'a allumé et a commencé l'histoire.

Un jour, ils n'avaient pas d'argent dans la maison, et elle a pensé d`emprunter 100 euros d`une voisine, pensant qu'elle rendrait l'argent, avec la retraite à venir. Comme ils n'avaient pas assez d'argent, en général, elle prenait 300 euros d'ailleurs, pour en rendre 100 et il lui restait quelque chose. Puis, elle a pris 1000 euros de l'un des enfants, pour rendre les 300 euros et reste avec de l'argent. Puis, elle a pris 1 500 euros de quelqu'un d'autre pour les rendre à l'enfant, puis elle a pris 2 000 euros et ainsi de suite, sans que Monsieur G. sache, jusqu'à ce qu'elle a pris 4 000 euros d`un prêteur. J'avais déjà perdu la chaîne des choses ... C'est là que les problèmes ont commencé, c'est pourquoi Monsieur G. a découvert leur situation dont ils se trouvaient en tant que famille. Ils ont pris ensemble 4 000 euros d'un autre prêteur, moyennant des actes de prêt, sur lesquels passé le montant de 5 000 euros, 1000 en plus, la partie du deuxième prêteur. Ces 4 000 euros ont été restitués au premier prêteur. Après quelques mois, la durée du contrat a expiré et ils n'avaient plus d'argent à rembourser. Les enfants n`ont pas pu aider, et le second prêteur a exécuté forcé, en suivant des procédures légales et en laissant sans appartement. À cause de la honte et ne voulant pas aller chez leurs enfants, ils ont demandé à rester en location, dans leur ancienne maison, perdue pour une somme de rien, par rapport à son prix réel.

Ils m`ont appelé pour avoir à qui dire leur détresse et pour demander des conseils. C'était trop tard. C'est très triste de voir deux personnes âgées, désespérées, demander de l'aide. En revanche, c'était une très bonne leçon pour moi, à savoir ne pas emprunter d'argent quand, avec l'aide de l'argent, je ne fais pas un profit supérieur aux intérêts.

Chez les humains, l'une est l'attraction physique et l'autre est l'amour. C'est la même chose avec l'argent, vous y êtes attiré ou vous le faites avec passion. Il y a une différence entre avoir de l'argent juste pour l'avoir et avoir de l'argent pour une passion que vous voulez développer.

L'argent n'est pas un problème! La façon dont vous utilisez l'argent peut devenir un problème. Vous pouvez recevoir un héritage fabuleux ou gagner à la loterie, et dans quelques années, tout perdre. Ou vous pouvez avoir deux centimes à transformer en millions. Cela dépend de la façon dont vous pensez, comment vous les utilisez, comment vous mettez votre argent à travailler.

« Combien de temps obtenez-vous 10 000 euros?» Je réponds : cela dépend qui vous demandez. Pour certains, cela prend le prix d'un téléphone, pour d'autres, des décennies de travail. Ce qui compte, c'est le cercle des personnes autour desquelles vous évoluez, vos contacts, votre réputation, etc. Pour avoir accès à des cercles de personnes influentes, il faut avoir certaines qualités. Vous ne pouvez pas attendre cela à la maison, vous devez travailler. Il y a des gens qui reçoivent de l'argent en un moment, parce que je sais que les autres savent ces personnes comme solvables. Il y en a d'autres qui, en période de difficulté, n'ont nulle part où trouver peu d'argent, car personne ne leur en donne. Cela soulève des questions sur ces gens. Si je sais que je peux obtenir de l'argent aujourd'hui des beaucoup d'endroits, comment un autre homme ne peut obtenir de l`argent de nulle part, ni pour une paire de pantalons.

Pour démarrer une entreprise, vous avez besoin d'argent.

Pas forcément nombreux. Pas nécessairement le vôtre. Mais il est préférable d'avoir votre argent et, bien sûr, le plus que possible

Il faut penser à la période entre l`ouverture d`une affaire et le moment quand elle commence à faire des bénéfices. Par exemple, un homme d'affaires, lorsqu'il ouvre un hôtel, calcule le coût de l'investissement auquel s'ajoutent les pertes pendant une période de temps, dans laquelle il ne fait pas de profit.

Où trouver l'argent pour commencer l`affaire? Des parents, amis, investisseurs, actionnaires.

Comment gagner de l'argent? Aujourd'hui c'est plus facile qu`au passé, votre chance!

La première source, la plus sûre, la plus honnête, dans certains problèmes sont les parents. Lorsqu'ils peuvent vous aider, ils sont les premiers à se tourner vers vous. Je ne pense pas qu'il soit bon de mettre la fierté en premier. Si vous voulez prouver que vous êtes capable, vous doublez l`argent et restituer le montant emprunté dès que possible. L'avantage est qu'ils ne vous exécuteront ni ne vous presseront.

La maison où vous habitez est une autre source d'argent. Si vous avez de bonnes affaires en tête, pourquoi ne pas vendre votre maison ? Dans certains cas, c'est une bonne option. Par exemple, vous souhaitez ouvrir une boutique en ligne. Il n'est pas nécessaire de créer des boutiques en ligne dans les grandes villes. Si vous vivez dans une grande ville, où l'entretien d'une maison ou d'un appartement coûte plus cher, vous pouvez déménager dans une ville plus petite, et avec l'argent obtenu de la vente, vous en achèterez une plus grande et commencerez à faire l`affaire souhaitée, sans dettes.

Une autre source de revenus est le travail à l'étranger. En général, parce que je sais que si beaucoup européens d`Est travaillent en Europe occidentale. La plupart d'entre eux dépensent beaucoup d'argent de revenu, en particulier les jeunes. Presque tout l'argent est dépensé pour la location, sur le divertissement, les vêtements et les voitures. D`autres épargnent. Ils apprennent la langue du pays où travaillent, étudient, cherchent des emplois mieux rémunérés, « bossent dur » quelques années, puis ils rentrent dans leur pays et démarrent une affaire. Par conséquent, une source d'argent pour démarrer une affaire peut être la tirelire en porcelaine. Ne vous concentrez pas trop sur l'épargne, mais pour gagner de l'argent. Aucun homme riche n'a été employé trop longtemps.

Si vous avez besoin d'argent pour une affaire bien pensée, il n'est pas honteux d'emprunter de l'argent. Mais ne faites pas l'erreur d'accepter des intérêts, juste pour vous voir avec l'argent dans votre sac. Le jour du paiement, chaque mois, ce sera très difficile - chaque centime comptera. Si vous ne prêtez pas pour des dépenses inutiles, il est préférable d'emprunter de l'argent. Par exemple, moi, à ce moment, je dois à trois banques à Londres de l`argent et tout l'argent pris de la banque est investi dans des propriétés immobilières qui génèrent un bénéfice mensuel.

Attirer des partenaires. Pour cela, il doit penser ton affaire à un niveau plus large. L'affaire dans votre esprit ne sera pas seulement la vôtre, mais le plaisir en vaudra la peine, si vous trouvez des personnes de qualité pour vous rejoindre. Nombreux sont ceux qui ont de l'argent et recherchent des personnes avec de bonnes idées et de l'énergie pour les mettre sur roues. Où les trouvez-vous ? Événements, conférences et diverses réunions organisées justement que les gens d'affaires se rencontrent et trouvent les partenaires potentiels en affaires. Vous avez la possibilité de présenter votre plan, auquel vous croyez et pour lequel vous êtes prêt à travailler dur. Il est possible d`y trouver des partenaires, des investisseurs, des collaborateurs.

Pour trouver des partenaires, vous devez être respectueux et digne de confiance. Les gens de qualité aiment faire des affaires avec d'autres personnes de qualité.

Vous pouvez trouver des partenaires en famille ou parmi les amis. Beaucoup vous diront de ne pas interférer avec les autres. Je dis que la plupart des gens qui ont fait de l'argent, beaucoup l'ont fait en équipe, après quoi ils se sont séparés.

Une autre idée est d'obtenir de l'argent... à l'aide de l'argent. Par exemple, vous vendez un bien immobilier. Vous empruntez un montant, vous achetez une bonne affaire, vous vendez, remboursez le montant et avec le reste vous démarrez votre affaire. Ou vous pouvez accéder à des fonds gouvernementaux conçus pour aider les gens à démarrer une affaire. Certaines idées impliquent de faire des recherches.

Dans le cas des affaires de type « vente de services », les coûts de démarrage sont très faibles, vous pouvez donc obtenir de l'argent de plusieurs manières. Si vous voulez mettre les bases d`une entreprise de design d'intérieur, de conseil ou de nettoyage, vous avez besoin de très peu. Nous parlerons des idées commerciales dans le prochain chapitre.

Comme je l'ai dit plus haut, il y a beaucoup de personnes en Europe de l'Est qui sont allées travailler en Europe occidentale. Si vous en faites partie ou vous en prévoyez à l`avenir, je vous souhaite trouver la stabilité et le bonheur à l`étranger. Mais si vous ne pouvez pas vous adapter ou que vous ne pourrez pas vous adapter, vous devez faire un bon plan pour rentrer à la maison. Pensez à long terme, ne vous leurrez pas que pour le moment vous gagnez assez, indifféremment où vous vous trouvez. Je pense que n'importe qui au Royaume-Uni, par exemple, en 6 mois, un an ou deux, peut épargner 10 000 £. Plus facile, plus difficile, cela peut être. Avec cet argent, vous pouvez démarrer une affaire en Roumanie. Plus l'endroit où vous retournez est pauvre, plus les coûts de démarrage sont bas et plus il sera facile de démarrer. Je veux dire des villages, des communes ou des petites villes. Il dépend de l`affaire que vous voulez faire. Pensez-vous seulement au loyer pour un espace dédié à votre entreprise, puis les coûts restants et ainsi vous pouvez choisir le bon endroit pour votre travail. Et, bien sûr, vous pouvez collecter encore plus d'argent à l'étranger.

Quand nous avons l'argent, nous devons utiliser dans une manière saine. Même si vous vous retrouvez avec une grosse somme d'argent provenant d'un travail, d'un prêt ou d'un cadeau de vos proches, dépensez et investissez avec un jugement judicieux. Lorsque vous devez payer un petit montant pour quelque chose, imaginez que c'est le seul argent dont vous disposez. Ne jetez pas d'argent à l'égout, surtout parce que il pourrait arriver le jour où vous avez besoin d'emprunter, peut-être, de nouveau.

Voici un exemple d'affaire qui est tombée, un exemple de « pas comme ça ».

Un homme très capable, avec deux autres proches, son beau-frère et un ami, également à l'aide des parents, ont construit un joli et grand chalet dans une station de montagne en Roumanie. Une région magnifique, entourée de forêts de sapins, de pistes de ski pour la saison d'hiver, belle pour la randonnée en été. Dans les années qui ont précédé la crise financière, vers 2005, l'affaire fonctionnait à merveille. Le chalet était toujours plein de touristes, la nourriture, le café, les boissons coulaient sans arrêt vers les convives. Touristes occasionnels, camps scolaires, fêtards pour les vacances, tout semblait aller mieux que dans n'importe quel plan initial. Qu`est-ce que notre homme a pensé? Eh, bien, il a pensée, vivant quelques années la joie d`une affaire promettant, qu`après les prêts bancaires déjà faits, d'emprunter une somme d'argent pour dédommager les deux autres, afin qu'il reste dans l`affaire seul. Dit et fait. Après avoir payé une grosse somme à ses partenaires, notre homme s`est vu maître sur la fabrique d`argent. Mais en 2008, après d'autres prêts, voiture de luxe, toutes sortes d'investissements dans le chalet, les appartements hypothéqués, dettes importantes, la crise, sur laquelle nous tous avons appris d`une façon ou d`autre, est arrivée. Je pourrais faire une longue histoire, surtout sur la nature merveilleuse autour de ce chalet et le temps magnifique que j'y ai passé aussi, mais ce qui nous intéresse maintenant, c'est que notre sujet est resté sans rien et en dettes pour toute sa vie. D`une affaire super rentable, il est arrivé dans une situation dans laquelle peu de gens parviennent à s`en sortir. Voici l'homme que je le considère capable, intelligent, cultivé, instruit est arrivé en faillite en raison de la crise économique, qu`il n'a pas pris en compte. Pour cette raison, je le répète, prenez soin de chaque centime. Ne vous laissez pas emporter, il n'y a pas de profits éternels.

Il y a toujours un changement, on a besoin d`adaptation et d`éducation continue.

Il y a un mot roumain: «Là où il ya mille, il ya cent aussi». Un non-sens! Prenez soin de l'argent!

J'ai une autre histoire intéressante sur l'argent. Je connais un homme très riche à Londres. Bien qu'il ait plus de biens immobiliers dans la capitale britannique, lui -même et sa famille sont restés en location, dans une maison avec 5 chambres, nombreuses années. Pourquoi ? Parce que la sienne est louée avec le double du loyer qu'il a payé pour la maison de 5 chambres. Et une autre raison, parce qu'il n'a pas trouvé de maison à acheter pour son propre confort, jusqu'à récemment. Maintenant, il vit dans une maison énormément chère, mais elle offre la possibilité de modifications pour agrandir l`espace et le nombre de chambres, ainsi que, s`il pense à la vendre, après quelques modifications, il pourrait demander plus qu`il a payé. Nous parlons de millions de livres. Un homme d'affaires reste un homme d`affaires, jusqu'au bout. Et quand il négocie une maison de plusieurs millions de livres, et quand il négocie le prix d'un vélo, et quand il ramasse le sou apparemment insignifiant trouvé dans la rue. Considère chaque sou. Mais, surtout lors de l'achat d'une propriété pour son propre usage, cette propriété n`apporte pas normalement le profit, mais elle peut même devenir un grand consommateur. Un homme d'affaires intelligent, attend patiemment jusqu'à ce que le moment arrive, comme un crocodile qui attend sa proie. Ainsi, il peut transformer un bon passif dans un bon actif, à savoir un bon mangeur d`argent, le transforme dans une bonne affaire profitable. Dans quelques années, il pourra déménager dans une maison plus grande, restant avec de l`argent pour le reste de sa vie.

Ce que vous laissez venir après vous importe beaucoup, même si je veux dire des pensées, ce que vous mettez dans votre cœur compte beaucoup. On peut dire qu'il n'y a pas de «mal» et de «bien» dans le monde. En fait, il n'y a que la perception du mal ou du bien. Peut-être que je crois qu'avoir un arbre devant la maison porte malchance et que c'est mal, et vous pensez que c'est de la chance et c'est bien. C'est à peu près ça. Si vous arrivez à voir les choses d`un certain point de vue, aucune douleur ne vous touche. Si vous choisissez de louer votre maison et d'emménager en location, c'est votre problème. Il est possible de rester avec un peu d'argent et, sur la base du loyer que vous recevez, vous pouvez emprunter de la banque pour une autre maison. Chacun connaît les siens. Ensuite, vous pouvez vendre la voiture pour laquelle vous travaillez peut-être une heure de plus par jour et réduire les heures de travail d'une heure. Vous avez plus de temps pour faire des plans de l`avenir et vous allez avoir de l`argent pour le début. Le monde a commencé à travailler de plus en plus pour « plus », mais pas tous ont vraiment besoin de ce qu`il achète. Lorsque vous atteignez le niveau souhaité, vous reprendrez votre voiture. Attention! Pesez bien chaque étape que vous faites.

J`ai encore une histoire belle, puis, passons au chapitre suivant.

Est-il bon toujours d`avoir de l'argent de côté?

Un ami à Londres, à une bière, a déclaré :

- Un jour je me suis épousé. Je l'aime aujourd'hui qu'à l'époque. Mais sur l'argent nous n`avons jamais tombé d`accord. J`ajournais de lui parler de l'argent, plus précisément 5000 euros, que j'avais mis de côté, avant le mariage, pour les jours sombres. L'argent était en bon endroit et je n'en avais pas besoin. Un jour, nous nous sommes fâchés d`une bêtise, et je suis allé, pour nous réconcilier, de lui acheter un appareil photo qu`elle désirait depuis longtemps. Après avoir rentré à la maison avec lui et je l'ai fait très heureuse, incrédule du merveilleux cadeau reçu, s`est demandée d`où j`avais tellement d`argent. Elle m`a demandé plusieurs fois, après quoi je lui ai dit des 5.000 euros, plus exactement les 4.500 euros qui sont restés. C'était dans un jour de lundi. Vendredi, j'avais 0 euros. Comment elle a trouvé de cet argent, le soir à la couchée, m`a convaincu de mettre de nouveaux carreaux, dans la cuisine et la salle de bain, et d`autres petites améliorations. Pour voir à quel point l'argent était dans le bon endroit jusqu'à ce qu'elle la trouvé...

CHAPITRE 11

IDEES D'AFFAIRES

V OUS VOULEZ probablement découvrir un secret ou trouver une recette sûre pour réussir. Voici ce que je peux vous dire: rêvez, faites un bon plan et agissez! Ainsi, vous pouvez dire que vous vivez, vous devriez vivre votre rêve. Amusez-vous bien!

Tout d'abord, vous avez besoin, d'une manière ou d'une autre, d'apprendre, au moment quand vous avez une vision claire de ce que vous voulez faire. Je suis sûr que jusqu'à maintenant, vous avez eu plusieurs idées d'affaires qui ont ensuite été abandonnées en raison de la peur, de la méfiance ou du manque de soutien des autres. Si, pour le moment, vous n'avez rien de clair à l'esprit sur ce que vous pouvez faire, revenez aux moments où vous rêviez de créer quelque chose. Revenez à vos passions d'enfance, aux plaisirs vécus, à n'importe quelle chose qui vous apporte de la joie. C'est là que vous devez commencer.

> *Choisissez un travail que vous aimez et vous n`aurez pas à travailler un seul jour de votre vie .*
> *Confucius*

Avez-vous déjà pensé à «faire» des savons? Gâteaux, bols en argile, maison, musée, etc., ? Dans n'importe quel domaine, vous pouvez créer un nom, une marque. Cela signifie être prêt à commencer, et c'est ce que vous pouvez faire en lisant. Savez-vous quelque chose sur yoga, aimez-vous cela, voulez-vous enseigner aux autres et même gagner de l'argent pour vivre, puis en faire un cours au niveau de la ville? Lisez, apprenez. Après avoir lu 20 livres sur yoga et pratiqué pendant un certain temps, vous pourrez vous considérer comme apte à donner des cours. C'était un exemple. Quel que soit le domaine que vous choisissez, cela demande beaucoup de travail et de connaissances. Ensuite, vous devez avoir un esprit positif.

> *Jésus dit dans la Bible : je vous le dis en vérité, si vous aviez de la foi comme un grain de sénevé, vous diriez à cette montagne : Transporte-toi d`ici là, et elle se transporterait ; rien ne vous serait impossible. Matthieu 17 : 20.*

Il faut rêver, vouloir, voir où l'on veut aller. Si vous pouvez le faire, vous pouvez déjà vous préparer pour le plaisir. Votre activité quotidienne doit être amusante. Travailler sans plaisir, sans amusement ni bonne humeur n'a aucun sens. Si vous finissez par vous amuser à faire ce que vous voulez faire, vous gagnez en confiance et personne ne pourra vous dire que vous ne réussirez pas. Parce que vous l'avez déjà.

Laissez-vous être silencieusement attiré par la force étrange de ce que vous aimez vraiment.
Rumi

Il y a quelques jours, j'étais chez un ami. En historisant dans le salon avec eux, leur fille cadette, âgée de quelques années, s'est assise au piano et a essayé à jouer quelques notes au hasard et ne sonnait pas mal du tout. Les parents, en voyant ça, m'ont dit que la fille veut toujours jouer au piano et ils veulent la donner pour prendre des cours. Ensuite, j'ai pensé que certains enfants n'avaient pas accès au piano ou à d'autres instruments de musique. N'ayant jamais vu de piano, bien sûr, vous n'avez aucune idée que vous pouvez en jouer ou que cela deviendrait la passion de votre vie. La morale est que si vous ne savez pas les choses, vous n'en voulez pas. Vous ne savez pas qu'il y a du «jus» dans la noix de coco, vous n'avez pas besoin de «jus» dans la noix de coco. Facile. En affaire est la même chose, si vous ne connaissez assez les types d'affaires, il est possible de ne pas trouver une pour laquelle vous voulez en route. Recherchez, apprenez, lisez et choisissez.

Trouvez votre passion. Si vous souhaitez être entouré par la nature, vous pouvez choisir de développer une pension ou une ferme pour animaux. Si vous voulez vous divertir, vous pouvez ouvrir un club ou un parc de paintball.

Je peux vous donner des idées d'affaires ou des idées pour trouver quelque chose à faire, et vous faites le choix. Cependant, essayez de trouver le champ auquel vous êtes connecté avec votre âme. Ne pensez pas qu'un domaine d'activité qui fonctionne pour moi vous apportera de la joie ou de l'argent. De plus, les choses changent, la vie change. Vous ne pouvez pas toujours choisir ce que les autres choisissent. Si vous ne choisissez pas ce qui vous convient, vous ne pourrez pas aimer cette chose et, par conséquent, vous ne donnerez pas assez. Même s'il y a un million de pensions, un million de fermes, un million de clubs, vous faites vos affaires dans votre style, dans une façon unique. Telle est la clé, non pour suivre les autres, mais votre âme.

Si vous ne savez pas exactement comment transposer votre passion dans une entreprise, connectez votre passion à ce dont les gens ont besoin et à ce qu'ils veulent acheter, ne vous concentrez pas uniquement sur ce que vous souhaitez vendre. Soyez flexible. Servez les gens, cherchez des informations sur les besoins des gens, essayez d'aider et connectez, en même temps, les besoins des gens à votre passion ou vice versa. Trouvez votre passion dans tout ce que vous faites, ne cherchez pas d'argent. Par exemple, vous aimez le sport, plus précisément le tennis. De quoi les gens ont- ils besoin ? Santé, mouvement. Eh bien, vous pouvez devenir entraîneur de tennis sur le terrain. Apprenez, lisez, pratiquez. Ensuite, cherchez des fonds et de l'argent pour ouvrir votre propre court de tennis. Si vous faites cela avec passion, vous trouverez des personnes qui vous apprécieront et choisiront cette activité de mouvement, sur votre terrain. Par passion pour le tennis, vous créerez des concours, des pages de marketing en ligne, etc.

Grâce à la persévérance, beaucoup de gens gagnent le succès de ce qui semblait être un échec.

Benjamin Disraeli

Bijoux. Dans le livre "La vie, le plus beau cadeau", j'ai raconté, en général, ma vie et les expériences que j'ai vécu. L'une d'entre elles - la première affaire - a été l'achat et la vente des bijoux en argent, puis même leur fabrication. Je ne savais pas grand-chose de ce que signifie avoir une affaire, mais j'ai appris ce que je devais faire après avoir commandé le premier paquet de bijoux de Thaïlande. Une fois le paquet avec 77 pièces d'argent (bagues, boucles d'oreilles, colliers) est venu à la douane Otopeni, je fus appelé par l`agent douanier, en me demandant les données de la société et l`adresse. Comme je n'avais aucun document et que je venais de passer une commande d'essai, j'ai décidé qu'il était temps de démarrer une affaire sérieuse. Je me suis enregistré au registre du commerce, j`ai prix les avis nécessaires de l`Office pour la Protection du Consommateur (les plus chers), je me suis inscrit à un patronat des bijoutiers et j`ai reçu un avis de chez eux, j`ai acheté une caisse enregistreuse, j`ai trouvé un comptable, j`ai acheté un programme de comptabilité, etc. Ils semblent beaucoup et chers, mais j`ai résolu en moins de 10 jours, pour ne pas être renvoyé à l`arrière le coli, en Thaïlande. Puis j'ai vendu les 77 pièces d'argent en deux jours. Cela a été suivi par des commandes de milliers de pièces, à la fois finies et à assembler. J`ai récupéré l`argent dépensé pour les papiers et la marchandise en quelques semaines. Cela en vaut la peine et c'est facile, en plus, c'est amusant de créer un métier à partir duquel gagner de l'argent. Puis, l'été, j'étais au bord du lac, les pieds dans l'eau et les cannes à pêche lancées, sachant que, quelque part dans le monde, quelqu'un achetait des bijoux, et je collectais de l'argent pour chaque transaction. La nuit quand je dormais, quelqu`un vendait de bijoux pour moi. Je ne gagnais pas beaucoup, mais j'étais libre.

À la fin de ce chapitre, je vais vous donner quelques idées commerciales, à titre d'exemples, bien que vous puissiez trouver cela sur toutes les clôtures. Il vaut mieux trouver dans votre âme ce que vous voulez vraiment faire dans votre vie. D'ici là, je vais vous dire ce que je sais déjà dans le domaine immobilier, car ce sont les endroits où vous pouvez investir dès le début ou après avoir profité d'une autre affaire.

Pour cette année, j'ai fait une liste de projets, dont l'un était d'acheter trois propriétés. Au début, je n'avais pas d'argent, j'avais même des dettes. Maintenant, l'été n'est pas encore venu et j'ai l'argent pour deux. Un autre plan noté est de terminer ce livre d'ici la fin de l'année. Ni l'été n`est venue et me voilà réalisant mon plan.

Voici quelques lignes et idées d'affaires connexes aux affaires immobilières : vous avez une maison en ville et la cour suffisamment grande ? Prenez de l'argent à la banque et construisez des studios. Cherchez des partenaires d`affaires. Doublez votre argent près d`eux. Comment ? Permettez-moi de vous donner un exemple valable pour la Roumanie, dans les petites villes. Chacun met 20 000 euros ou plus. Rassemblez 6 - 7. Achetez une cour de 400 mètres carrés. Construisez autant de studios que vous pouvez. Les vendez. Faites le point et voyez ce que cela vous rapporte à la fin. Il me donne au moins deux fois le montant investi, chacun, après le partage du profit. La construction de studios, parterre, dans les cours ou les jardins des maisons de la ville, est une affaire très rentable, nt que la loi vous permet de les construire. Vous pouvez doubler votre argent investi, ça dépendant du nombre des studios. Une autre bonne affaire est de les louer.

Dans l'immobilier, vous devez avoir l`argent disponible. Même si vous empruntez de l'argent à la banque, vous devez déjà l'avoir sur votre compte. Pour faire une négociation importante, il faut avoir de l'argent. Au début, on ne peut pas vraiment négocier des promesses, il faut beaucoup d'expérience là-bas.

Pour vivre de ces affaires, vous devez acheter à bon prix. Même si cette propriété doit être louée, vous devez toujours l'acheter à un prix au moins 25% inférieur au prix du marché. Pour cela, vous avez besoin de l'argent, au moins une grande partie. Si ce prix de l'immobilier diminue pendant la crise financière, et que vous avez acheté à la pointe de l`économie, vous pouvez conserver vos bénéfices.

Vous ne pouvez pas savoir exactement ce qui va se passer avec l'économie, mais vous pouvez contrôler les bénéfices en grande partie.

Vous devez connaître la valeur d'une affaire ou d'une propriété avant de l'acheter. N'essayez pas de deviner. Il y a de fortes chances que vous manquiez quelque chose. Vous devez gagner à l'acquisition, car vous ne savez pas ce qui se passera plus tard. De cette façon, vous avez les choses sous contrôle dans presque toutes les situations.

L'immobilier signifie des négociations. Si vous n'avez pas le montant total, ne désespérez pas. Celui qui a l'argent fait les règles du jeu. Une fois, j'ai voulu acheter une propriété avec le montant x, après qu'un agent immobilier ait publié une annonce avec cette propriété à un prix 15% inférieur au prix du marché. Savez-vous combien j'ai acheté la propriété ? Moins de 25% du prix du marché. Comment? J'ai négocié avec l'argent "sur la table". Lorsque vous devez contracter un emprunt bancaire, il est plus difficile de négocier. Lorsque vous mettez de l'argent sur la table, vous lancez le jeu.

Lorsque vous avancez dans les affaires, si vous choisissez l'immobilier, ouvrez une agence. Pas à cause de l'activité de l'agence elle-même, mais parce que les gens viendront directement chez vous. Vous aurez un accès direct aux bonnes affaires, aux locataires, aux ventes rapides de vos biens. Vous les ferez tourner sur vos doigts.

L'agence immobilière prendra en charge l'immobilier personnel et les loyers. De plus, vous ferez des transactions pour d'autres d'où vous obtiendrez de bonnes commissions. Il n'y a qu'un seul problème avec l'agence. Vous devez être là, en permanence. C'est l'une de ces affaires qui ne fonctionne pas sans vous. Mais c'est pour une phase de démarrage, lorsque vous récoltez suffisamment d'argent, vous pourrez y renoncer.

Une autre idée liée à l'immobilier est la société «association des locataires». Actuellement, certaines associations de logement sont des organisations pas du tout rentables pour leurs propriétaires. Au moins dans les petites villes, c'est une véritable catastrophe. Elles perçoivent des taxes, mais font très peu pour les immeubles supposés dans leur charge. Si vous ouvrez une affaire de ce genre, l'investissement pourrait être juste un grand bureau, les employés, l'équipement de bureau et un mobilier. Actes et marketing. Vous avez besoin d'une équipe d'artisans qualifiés et d'un bon conseiller juridique pour un travail de longue durée. Une grande entreprise, comme une ville. Les petites villes sont l'endroit idéal pour cela.

Alors, pensez-y, toutes les petites villes sont le lieu idéal pour les affaires en ligne. Les loyers des espaces de stockage sont bien inférieurs. Les employés travaillent avec des salaires inférieurs. Les dépenses que vous avez chaque jour sont faibles. Les routes entre les institutions sont courtes. Vous apprenez à connaître les gens par leur nom.

Je pensais juste à moi-même, proposer à d'autres d'investir ensemble dans un projet. Il y a beaucoup qui ont peu montants pour démarrer une affaire, mais ont peur ou l'argent n'est pas assez. Ensemble, nous pouvons nous permettre le meilleur comptable. Nous aurons le meilleur plombier. Nous aurons une camionnette ensemble pour les besoins de transport. Nous paierons ensemble une entreprise de nettoyage. Nous payons leurs frais de services publics ensemble. Mais surtout, nous nous entraiderons. Chaque semaine, nous aurons une réunion d'affaires, nous discuterons de nouvelles idées, de nouvelles opportunités. Nous pouvons partager toutes les connaissances acquises jusqu`à ce jour, nous pouvons faire la réclame les uns pour les autres (en ligne ou par tout autre moyen), nous apprécions le bon sens et les relations juridiques que nous avons, chacun de nous, au pays ou à l'étranger.

Avec l'argent qu'ils dépensent de toute façon pour se rendre dans une grande ville, vous pouvez avoir plus de confort dans une petite ville. Par exemple, au lieu de faire la navette, vous pouvez payer une femme pour s'occuper de la maison et de repasser des chemises, de quelques heures à plusieurs jours. Ensemble, nous pouvons lui offrir un emploi à temps plein. Où mettez-vous les heures perdues sur la route que vous utiliserez à votre avantage. Dans une grande ville, vous pensez vivre mieux. Mais comptez-vous le temps perdu sur la route, à travers la ville? Combien d'argent est collecté par mois, après dépenses?

Ou vous avez hérité une petite fortune dans une grande ville ? Offrez-vous un environnement favorable dans une ville plus petite afin de développer avec des ressources propres une affaire rêvée ou une vie paisible pour la vie. Les gens accueillants vous ouvriront la voie et vous aideront dans tout ce que vous avez besoin.

Ou vous pouvez rester où vous êtes et vous allez travailler pour toute la vie, pour payer les taxes à l`État et maintenir ce que vous avez en propriété.

J'ai une amie à Londres, qui ces dernières années, s'est fortement concentrée sur la gymnastique et est presque devenue un assistant personnel de fitness. Mais, elle ne se permet pas de se consacrer uniquement à ce plaisir. Elle doit aller chaque jour au travail et à l'école. Pendant une fin de semaine, nous sommes sortis en ville, pour parler. Là, j`ai eu une idée. À savoir, je lui ai proposé d`apprendre tout ce qu'elle peut sur ce domaine, de sorte qu'il n'existe pas de termes, de mouvements, de muscles, de méthodes de nutrition, etc. qu'elle ne sache pas. Ensuite, créer en Roumanie un lieu pour des cours de quelques jours, dans ce domaine. Quelque part dans les montagnes. Même si le lieu ne sera pas détenu par elle, elle peut passer un contrat avec l`une des pensions qui ont besoin désespéré de clients, afin de ne pas se soucier sur l`hébergement et le repas des clients, ou même pour l`hébergement et le repas pour elle. Elle pourra se concentrer sur les cours qu'elle suivra, des cours qui vous apprendront des méthodes de nutrition et de fitness pour toute une vie, apprises d'elle, dans quelques jours. Ainsi, voici une autre passion transformée en affaire. Elle peut même vendre CD avec des films sur la condition physique et la nutrition, qui fourniront de précieuses informations aux personnes intéressées.

Faites attention à ne pas vous décourager sur votre chemin par ceux qui bavardent sur ceux qui gagnent de l'argent grâce aux passions, à savoir: «Vous faites cela pour de l'argent». Eh bien, même moi, qui gagne à plusieurs endroits, si je veux consacrer une grande partie de ma vie à l'écriture, je ne peux pas manger de papier. Chaque homme a des besoins, il a une famille, il a ses problèmes. Vous ne pouvez pas vivre dans une passion, tant que vous ne gagnez pas d'argent. Les médecins ne guérissent pas pour de l'argent? Les avocats ne se présentent pas pour de l'argent? Les footballeurs ne gagnent-ils pas de l'argent? Cependant, ne cassez pas votre tête, laissez-les parler.

N'ayez pas peur de l'échec ! Je disais à un ami que je préfère me concentrer un an pour collecter des fonds pour démarrer une affaire, puis je joue en faisant tout ce qu`il est possible pour qu'elle grandisse plutôt que de travailler cette année-là dans un lieu de travail qui ne m`apporte pas la joie. Réfléchissez que l`objectif n'est pas toujours l'argent, mais du temps passé comme vous le souhaitez, ce qui est le plus grand gain.

Cherchez à accumuler des actifs qui vous rapporteront de l'argent. Recherchez des affaires qui rapportent de l'argent sans que vous soyez là tout le temps.

La dernière raison pour laquelle les affaires doivent bien se dérouler est la suivante: vous devez acheter des actifs!

Il est pour rien d`avoir succès pour le moment si vous n'êtes pas assuré à long terme en produisant de l'argent même quand vous dormez. Les actifs sont de plusieurs types et il est bien de les diversifier. Pas nécessaire par le type d'actifs, mais comme vous le pouvez. Si du bénéfice de votre entreprise, vous achetez des appartements, essayez d'acheter dans deux villes, pas dans un seul. Cherchez que la zone soit très bonne et que le prix de l'appartement soit le plus bas possible, par rapport au loyer que vous en retirerez. Si vous récupérez l`argent investi en moins de 10 ans, l`affaire est très bonne.

Voici quelques idées d'affaires, mais n'oubliez pas, même si elles sont déjà partout, vous devez le faire dans une autre modalité et authentique (certaines d'entre elles utilisant des fonds européens):

- tout ce qui concerne le domaine écologique, les entreprises «vertes». Exemples: cosmétiques «verts», recyclage du papier et du plastique, énergie solaire, alimentation biologique, matériaux de construction biologiques;
- artisanat, production de divers objets traditionnels;
- entreprise de restauration;
- plantation de Paulownia pour la fabrication de meubles et de bois;
- culture de champignons;
- pension;
- maison de retraite médicalisée;
- site Web pour ceux qui recherchent un emploi (les sites Web existants sont faits pour ceux qui recherchent des employés, je veux dire que les entreprises sont affichées au maximum, et mon idée est de publier des employés potentiels et les entreprises sont confrontées à choisir, pas l'inverse);
- vente de panneaux solaires et mini - éoliennes;
- société d'isolation extérieure d'immeubles et de maisons;
- les services Internet et de télévision par câble, dans les zones rurales;
- magasin de suppléments nutritionnels;
- entreprise prospère dans les zones de montagne. Location de vélos, ATV, luges, parc d'aventure;
- plantation de noyers ou verger;
- renaissance rurale;
- les arbres et arbustes ornementaux;
- la culture du chanvre;

- culture de colza;
- l'apiculture;
- élevage de poulets;
- baies;
- culture de l'argousier;
- salle de mariage champêtre, à proximité d'une ville (recherchez un lieu privilégié, en pleine nature);
- maternelle privée;
- bretzels;
- ferme piscicole;
- ligne d'embouteillage d'eau plate;
- serre de fleurs;
- vignoble;
- silo à grains;
- moulin à grains;
- fabrique des profilés métalliques;
- services dans les zones rurales;
- voiture schrott;
- tricots et vêtements;
- bijoux fabriqués à la main;
- transport et stockage;
- clinique naturiste;
- boulangerie;
- location d'ensembles;
- Une bonne idée commerciale est de créer un lieu où les gens peuvent se détendre dans la nature. Endroit loin du bruit, un cadre vert et chaleureux, où les gens viennent - et guérissent le corps et l'âme.

Enfin, vous pouvez faire des affaires durables, près des gens passionnés et formés. Même si vous n'avez pas commencé, rien ne vous empêche de partager vos idées, issues de la passion, avec des gens sur la même longueur d'onde ou à la recherche de ce que vous pouvez offrir. Il pourrait vous entourer d'une grande équipe, uniquement parce qu'ils cherchent. Si vous n'essayez pas, vous ne saurez jamais. A titre d'exemple, vous souhaitez développer une affaire agrotouristique, à la montagne, qui vous empêche d'inviter un passionné de ski, offrir des leçons aux touristes. C'est peut-être son rêve et il ne savait pas comment commencer. Ici, vous lui offrez cette possibilité (lire le chapitre «Valeurs, modèles et relations»). Ce qui vous empêche d'inviter quelqu'un qui aime les enfants, à faire des activités spécifiques aux enfants, pendant l'été. Qu'est-ce qui vous empêche de faire ce que vous voulez et avec qui ? Avec des gens passionnés, vous pouvez mettre les bases d`une affaire durable et saine. Et pourquoi pas, se lancer dans les affaires des autres.

N`oubliez pas de lire beaucoup, n`oubliez pas de plan, d`un nom approprié pour votre affaire, un emblème représentatif.

CHAPITRE 12

AGISSEZ

Où vous êtes, c'est le monde entier.
William Shakespeare

L E MONDE entier est à vous. Comment vous le créez ou voyez, c'est comme ça que vous l'avez!
Que pourriez-vous faire de mieux que de vivre votre rêve? Votre rêve vous attend pour ouvrir les yeux et le vivre!

Avant de commencer, vous devez savoir que tous ceux qui ont accompli quelque chose de grand dans la vie ont travaillé pour l'âme et la joie d'eux-mêmes ou de leur équipe. Et ceux qui ne l'ont pas fait ont vu celui pour qui ils travaillaient accomplir quelque chose de grand.
Une fois que vous avez choisi un domaine dans lequel vous souhaitez agir, vous avez besoin d'un plan très sérieux. Même si personne ne garantit que vous vous en tiendrez à ce plan ou que vous ne le changerez pas entre-temps, vous devez tout de

même esquisser un plan. Lorsque vous démarrez sur une route, en voiture, vous recherchez un itinéraire le plus facile possible ou même deux, au cas où quelque chose d'imprévu apparaîtrait. Avant de partir, remplissez le réservoir de carburant, chargez le récipient pour le liquide lave-glace, vérifiez vos papiers et faites bien d'autres préparatifs. En affaires, vous devez faire de même. Vous ne pouvez pas démarrer sur la route sans savoir où vous voulez aller, dans quelle direction vous partez, où vous dormirez sur la route ou sans avoir les documents sur vous.

Va vers la fourmi, paresseux; Considère ses voies, et deviens sage. Elle n'a ni chef, ni inspecteur, ni maître; Elle prépare en été sa nourriture, Elle amasse pendant la moisson de quoi manger. Paresseux, jusqu'à quand seras-tu couché? Quand te lèveras-tu de ton sommeil? Un peut de sommeil, un peu d'assoupissement, Un peu croiser les mains pour dormir! Et la pauvreté te surprendra, comme un rôdeur, Et la disette, comme un homme en armes.
Proverbes 6 : 6 - 11

Les étapes suivantes sont extrêmement importantes :
- choisissez un domaine que vous aimez;
- pensez positivement;
- soyez discipliné;
- fixez des objectifs clairs, aussi grands soient-ils, il suffit de les mettre sur papier;
- apprenez tout ce que vous pouvez sur le domaine choisi;
- recherchez d'opportunités;
- entourez-vous des gens et renoncez à ceux qui vous tirent vers le bas;
- mettez fin à vos peurs;
- agissez;
- terminez ce que vous avez commencé.

Je connais des gens qui, après des années de formation dans un domaine choisi, en plus du travail, ils n'ont rien fait par eux-mêmes. Ils ont agi avec rien d'autre que la connaissance du domaine souhaité. Mais ils continuent à travailler, tous les jours, et ils ont probablement peur de franchir le pas. Parfois, si vous ne faites pas quelque chose maintenant, vous ne le ferez plus jamais. Vous resterez comme ceux qui, bien qu'ils apprennent beaucoup, n'appliqueront jamais ce qu'ils ont appris.

Si dans un groupe de personnes, prenez un billet de 100 lei et demandez: "- Qui me donne 50 lei sur elle?" Certains demanderont sûrement si je plaisante, d'autres si ce que je fais est réel, d'autres se diront que c'est un canular. Mais quelqu'un donnera 50 lei et achètera les 100, en doublant son argent. C'est de l'action dans les affaires. Les affaires impliquent des échanges. Qu'il s'agisse d'appartements, de terrains ou d'objets. Quiconque cherche et trouve des opportunités, étant à la fois ouvert et déterminé, aura sûrement beaucoup à gagner. Parfois, je suis tombé sur des opportunités comme l'immobilier par exemple. Certains se sont demandés s'il s'agissait d'une blague, à quel point ils ont perdu le départ. L'action fait la différence. Il est inutile de regarder le sommet de la montagne si vous n'osez pas faire le premier pas.

Vous avez sûrement entendu ces mots:
"Je commence le sport demain."
"Je commence à perdre du poids demain."
"Je commence à apprendre de demain."
"Je vais commencer à lire demain."
"Je vais arrêter de fumer demain."
"Je vais arrêter de boire demain".
En reportant, votre plan peut mal tourner. Et n'oubliez pas, il n'y a pas de bon moment. Il n'y a que «maintenant».

Voici un exemple de la façon dont l'argent tire de l'argent. Action, à l'action. Plus vous en faites pour vous-même et votre rêve, plus vous attirez de ce que vous faites. Il y a quelques jours, j'ai reçu un e-mail de l'une des plateformes en ligne les plus populaires de vente de livres. On m'a dit dans l'e-mail que : "Plus vous faites de ventes, plus vous montez, et ils offrent des prix fantastiques en argent au top 100. Cela signifie que plus vous en faites, plus vous vendez, plus vous investissez, plus toutes viennent vers vous, dans ce que vous faites. D'où le mot «argent contre argent». Si vous commencez à travailler et que vous investissez passion et amour dans ce que vous faites, ils reviennent tous, beaucoup plus riches ».

Quoi que vous avez choisi ou choisissiez de faire, cela prend du temps. Ou ça n'a vraiment pas de fin. L'action est suivie d'effets, mais cela dépend du champ choisi. SOYEZ PATIENT! Ne viennent pas tous en même temps, bons ou mauvais. Imaginez-vous si vous aviez eu tous les boutons sur le visage, tout à coup?!

La plus grande gloire n'est pas de ne jamais tomber,
mais de se relever à chaque chute
Confucius

Pendant mon enfance, j'avais un chat que j'aimais beaucoup. Je pourrais beaucoup écrire sur elle, nous avons eu beaucoup d'aventures ensemble. Je l'ai passé plusieurs fois sur la page de "nécrologue" qu'après quelques jours, la pauvre, apparaisse à nouveau à la maison. J'ai vu même sa fourrure écrasée d'asphalte, en étant prouvé plus tard que c'était d'un autre chat. Jusqu'à un jour, en rentrant à la maison après une fin de semaine passé à Arad, j'ai trouvé le chat mordu la tête par un animal, infecté terrible. Après avoir beaucoup pleuré, nous et le chat ensemble, rien n'a pu être fait et son état s'est aggravé, incapable à manger, ma mère a décidé de le tuer. Ma mère, qui n'a tué aucune mouche. Mais il ne pouvait pas, je pouvais l'entendre pleurer la nuit et nous ne pouvions pas dormir. Je pleurais aussi, assis à côté de lui et le caressant. Il était allongé sous la cuisinière, il ne pouvait pas se lever, il avait une blessure infectée à la tête, il ne pouvait plus manger, il faisait juste des sons, comme un cri, qui nous brisaient le cœur. Il y avait d'énormes souffrances dans la maison, autour du chat. Un jour, nous sommes allés sur le pont de Mures, le chat dans mes bras et dans le coffre de la voiture avec un filet et une brique préparés pour cela. Ni aujourd'hui je ne sais pas pourquoi ma mère m'a conduit à voir cela, parce que c'était la seule expérience de ce genre que j'ai vu et dont j'ai entendu dans ma famille. C'était comme une décision de commun accord. Voyant le chat dans le filet, près de brique, mon oncle, présent lui aussi, a commencé à pleurer. Je tremblais. Ma mère n'a pas pu jeter le filet. Nous sommes montés dans la voiture pour partir à la maison, mais ma mère s'est souvenue des souffrances de la maison, en particulier du chat. Elle a descendu de la voiture et a jeté le filet du pont, directement en Mures, avec le chat. J'ai bondi de la voiture et j'ai pu voir le filet, car il n'a pas plongé directement, ayant de l'air à l'intérieur, qui a pris un peu de temps jusqu'à ce qu'il sort des trous spécialement faits. Mes cris ont suivi, des larmes et des larmes, pendant des jours. Les matins suivants, quand je me réveillais, j'attendais le chat venir dans mon lit, après quelques moments me souvenais qu'il n'est plus et je pleurais de tout mon cœur. Après tant de nuits de tourments, c'était comme si je pouvais le sentir encore en difficulté quelque part. Mais je n'étais pas en colère contre ma mère, j'ai compris que sa décision était la meilleure.

Après environ une semaine, alors que je me lavais les mains dans la salle de bain, j'ai entendu la mère : «Devine qui est à la maison ? Devine ! ... Tu l'as deviné ! ». Sa blessure à la tête était sèche, une sorte de pelure de cette blessure. Comment il est sorti, je ne sais pas, quel choc d'énergie a attrapé, mais si vous ne croyez pas cette histoire, alors fermez le livre et jetez-le en feu. Ils ont suivi des semaines de jeu et distraction, jusqu'au moment quand j'ai fermé le chat dans une armoire d'une institution et je l'ai oublié là-bas. Un jeudi, le dimanche matin, tandis que je regardais Tom et Jerry, ma mère me dit : « T'as pas vu le chat ? Il manque depuis quelques jours ». J'ai bondi du lit comme un vrai guerrier, allant ensemble pour sauver la « princesse ». Heureusement, je n'ai trouvé pas là - bas, en découvrant plus tard que la femme de ménage avait eu une crise cardiaque à cause des bruits de l'immeuble vide, le samedi matin. La princesse est arrivée à la maison lundi, mardi, en toute sécurité.

Si nous parlons d'action et de bon temps, souvenez-vous de mon chat, là-bas, dans le filet, dans la bouche de la mort. Avec tous les pouvoirs réunis, l'action a fait la différence entre la vie et la mort. L'action fait également la différence entre le succès et l'échec. Bien sûr, vous pouvez agir dans la mauvaise direction quand vous ne savez pas, mais l'échec est à sa guise, quand à tous vos projets l'action manque.

Par l'action, vous apprenez. En affrontant les défis, vous apprenez à mieux savoir ce que vous voulez et ce que vous pouvez, vous connaissez vos forces, vous connaissez mieux les autres et vous voyez qui vous êtes.

L'action en affaires peut être comme arroser une fleur. Cela demande un travail physique et intellectuel. Parce que l'apprentissage tout au long de la vie demande aussi beaucoup d'énergie. Il pourrait penser que vous connaissez les ventes, sachant que vous en avez entendu parler il y a 10 ans. Mais ce que vous avez appris dans le passé n'est peut-être ni valable ni utile aujourd'hui. Les principes sont les mêmes, mais les méthodes ont changé. Vous devez vous mettre à jour avec tout ce qu'il est de nouveau. En vain vous avez "un bon orateur", si vous ne pouvez pas démarrer un ordinateur en quelques secondes, en 21ème siècle. Vous devez passer à l'action sur tous les plans.

Ne laissez pas cette journée passer en vain.

Dans les ventes de toute nature, vous avez besoin d'un marché. En plus de la connexion en ligne, vous avez une liste d'amis et de connaissances. Peut-être, vous n'y avez jamais pensé, mais connaissez tellement de gens. De la boutique à l'entrepôt et de pain, jusqu'à ce que des anciens collègues de lycée. Cela dépend de ce que vous vendez, mais le grand cercle de connaissances pourrait énormément vous aider. Si vous n'avez pas ces personnes concentrées dans une page de socialisation sur Internet, mettez tous ses noms sur le papier et vous serez étonné de voir combien de personnes connaissez. C'est également un point de départ dans certaines affaires.

Concentrez-vous sur le marketing et le réseau des personnes. Vous aurez besoin de publicité, commencez par apprendre ce que cela signifie et apprenez autant de façons de faire connaître votre affaire ou votre produit.

Concernant la publicité et la promotion, cherchez à faire quelque chose inédit, unique. Si vous vendez des roses, faites un ruban spécial, la vôtre, à joindre à chaque rose. Faites quelque chose pour être connu, pour sortir en évidence. Lorsque vous faites de la publicité pour votre produit, vous venez devant les gens avec quelque chose d'unique. Ainsi, vous avez la chance d'être mieux promu et des personnes influentes dans les médias participer au soutien de votre produit. Si vous arrivez devant les gens avec quelque chose qui a été déjà, personne n'est intéressé, sauf si vous faites la promotion de votre produit d'une manière agressive, qui coûte généralement plus cher. On dit qu'il n'y a pas de la publicité négative, mais seulement de la publicité. Cependant, prenez soin de l'image de votre produit.

Puis, pensez-vous aux petits trucs de publicité qui peuvent aider les autres. Par exemple, vous pouvez travailler avec un café. Là - bas, tout le monde qui achète un café peut obtenir un dépliant contenant un code de réduction pour votre produit. Ainsi gagner des clients par la publicité gratuite, la réduction étant l'une que vous cous permettez. Le propriétaire du café gagne également en proposant, en plus du café, un code promotionnel. Cela gagnera des clients. Pensez...

Vous avez déjà marché sur un vélo? Si c'est le cas, vous savez très bien que la première fois que vous y avez grimpé, une sorte de comédie dramatique est sortie. Mais l'ambition vous a fait apprendre. Une fois que vous avez trouvé votre équilibre et que vous vous rendez compte que vous pouvez, vous ne pouvez pas vous arrêter de pédaler. C'est à peu près le chemin de votre rêve. Une fois que vous avez trouvé votre équilibre et que vous voyez que c'est possible, vous êtes imparable. Agissez!

Les gens qui ne font pas grande chose cherchent des excuses. Ils trouvent toujours des justifications à l'échec, au manque d'action, à la paresse. Les personnes qui réussissent recherchent des solutions. Nous aimons tous le confort et la sécurité, mais il vaut mieux qu'ils viennent comme effet de notre création.

> *Rien n'a plus de valeur qu'aujourd'hui.*
> *Goethe*

La vie de nos jours - si vous le permettez - envahit votre vie plus que dans le passé. Tout va beaucoup plus vite, les options et les opportunités sont illimitées, la communication à distance se fait instantanément. Ce n'est pas du tout une mauvaise chose, car cela vous donne la possibilité de faire des choix. Aujourd'hui, dans un jour de congé, vous visitez quelqu'un dans une autre ville, vous pouvez retourner à la vôtre, faire du shopping et en quelques heures vous êtes dans un endroit pour passer la fin de la semaine. Dans le même temps, vous pouvez communiquer avec vos amis et votre famille ailleurs, vous pouvez résoudre des problèmes de travail. Vous pouvez le faire en tant en peu de temps. Si vous agissez ...

> *Mille excuses et aucune bonne raison*
> *Mark Twain*

Alors travaillez et apprenez, soyez bon dans ce que vous faites et faites de votre mieux, là où vous êtes, avec ce que vous avez. Utilisez le temps offert ! Ne soyez pas spectateur, ne trouvez pas d'excuses,

mais envoyez toute votre énergie pour créer la vie de
vos rêves!

Devenir roi ou rester pion

Conclusion

Dès l'instant où vous aurez foi en vous-mêmes, vous
saurez comment vivre
Goethe

QUE LA PEUR de vous éloigner de votre rêve, loin de votre but, loin de votre intérêt, me semble une perte de vie. Savez-vous comment ? C'est comme avoir une heure de vie et une montagne devant vous. Tous les deux. Sinon rien. Ensuite, si vous montez ou pas, le temps passera de toute façon. Et, soit vous restez sur place, soit vous tournez en rond, en vous disant qu'il pourrait vous arriver quelque chose en route vers le haut, soit, vous commencer à monter, et monter, et monter, et vous devenez imparable.

Des décennies plus tard, je veux que vous vous regardiez dans le miroir et que vous vous disiez:

« Heureusement que je n'ai pas abandonné. Aujourd'hui, j'aurais pu être un perdant, j'aurais pu chercher et trouver des raisons d'échec. Mais je n'ai pas fait cela. J'ai choisi d'être un gagnant, j'ai choisi de trouver, de surmonter les défis pour prendre tout ce qu'il est le mieux de ce temps limité où je me trouve, vivant. Je n'aimerais pas rencontrer aujourd'hui dans le miroir, l'homme que je pourrais rester, mais regarder droit dans les yeux, l'homme que je suis devenu grâce à mes pouvoirs. C'est moi ! »

Ne vous transformez pas dans un parent en oubliant les passions, ne vous transformez pas dans un harceleur d'une passion, oubliant que vous avez une famille, ne vous transformez pas dans un harceleur d'une passion oubliant les amis, les sports, les loisirs, etc. Vous avez beaucoup de choses à faire, réjouissez-en. Profitez de la diversité.

Soyez reconnaissant pour ce que vous avez reçu, pour votre corps, pour votre esprit, pour ce que vous pouvez faire, pour votre santé. Alors essayez de changer le monde pour le mieux et découvrez votre succès.

Le succès peut signifier n'importe quoi, chacun après les possibilités. Pour l'un, cela signifie argent ou épanouissement de carrière, pour un autre, tranquillité d'esprit ou gagner un concours, etc. Je dis que le succès est une combinaison de réussites à plusieurs niveaux. Carrière, famille, tranquillité d'esprit, santé, etc. Mais, bien que chacun de nous né avec diverses lacunes, le défi est de les couvrir avec les compétences acquises à la naissance. Donc, au lieu de créer des problèmes, résolvez les problèmes. Vous ne pouvez pas réussir en créant des problèmes à chaque étape ou en trouvant les raisons d'un échec. Ils existent partout, tout comme les raisons du succès.

Soyez le changement que
vous voulez voir dans le monde.
Mahatma Gandhi

Imaginez un moment où vous versez la rage sur un homme, et il a mis un miroir entre vous et lui. Le cadre disparaît et vous êtes seul, avec vous. En hurlant. Verser du poison. Cracher du venin.

Imaginez un moment quand vous laissez couler une vague de votre amour sur un homme, et il a mis un miroir entre vous et lui. Le cadre disparaît et vous êtes seul, avec vous. Aimant. Verser la lumière. En regardant ces yeux chaleureux, dans la paix et la tranquillité.

La vie que vous menez vous est due. Pour cette raison, vous devez définir votre esprit afin que vous vous conduisez à l'abondance, le succès ou vers la vie souhaitée. Mais vous n'avez pas à faire de mouvements brusques ! Dansez, jouez, apprenez, flottez sur terre, volez, découvrez, faites de mouvements douces, devenez ainsi un meilleur homme et le plus beau. Envoyez de belles pensées aux gens, et le ciel s'illuminera aussi pour vous. Un meilleur monde signifie des meilleurs gens.

Jusqu'à ce que vous acceptiez ce que vous avez déjà reçu de la vie, à savoir votre corps, votre famille, votre passé, jusque-là vous ne pourrez ni accepter ni trouver ce qui fait partie de l'extérieur: les gens, l'avenir, la réussite, etc. Aimez-vous, alors les autres vous aimeront. Les murs tomberont et vous connaîtrez la liberté!

N'acceptez pas les circonstances qui ne vous rendent pas heureux!

"Laissez-le voir," "Il sera désolé."

J'ai souvent entendu de la part de certains, après une rupture, l'expression : "Laissez-le voir ce que c'est sans moi". Ne faites pas ça ! Surtout dans les affaires. Soit vous enregistrez l'affaire (ou la relation), soit vous la supprimez. Ne gaspillez pas votre énergie. Tant de gens s'accrochent à des gens du passé, dans des emplois inappropriés, et c'est à cause de la fierté, de l'ego. J'ai dit plus haut, dansez, jouez, vivez. La vie passe, vous n'avez pas de temps pour la fierté. En fait, vous n'avez pas le temps pour les nombreuses choses que vous continuez à faire. Si vous passez parfois du temps en paix et en méditation, vous pourrez découvrir ces choses. Il est très important de comprendre quelles sont les choses, les lieux, les personnes auxquelles vous devez renoncer. Pour trouver la sortie du tunnel, vous devez d'abord trouver la lumière. Vous devez trouver le but, le sens des choses.

Parce que j'ai fini ce livre et parce que je n'ai pas parlé de la retraite, qui est un sujet qui convient à tout le monde, brièvement, je ne pense pas que le meilleur moyen soit de percevoir une pension en versant une somme mensuelle d'argent. La pension se fait grâce à des investissements bien faits. Rappelez-vous, votre argent sous contrôle. Et n'oubliez pas que la pension ne doit pas nécessairement être une libération. La retraite ne doit pas devenir un but, un objectif. Ce serait, en fait, de la tristesse, si cela arrivait. Idéalement serait de préparer un bon investissement pour la période de retraite, puis, pour travailler autant que vous le souhaitez et comme vous le pouvez dans le domaine choisi avec passion. Quand il est temps de se reposer, l'argent viendra de ce que vous avez construit.

Indifféremment où vous soyez sur votre chemin, investissez-en vous, la route n'est pas terminée. Votre éducation en tant que gestionnaire de votre propre vie ne se termine jamais, les temps changent, vous ne pouvez pas rester en arrière. Un homme qui travaillait dans la vente il y a 10 ans, qui pense les connaître tous, est en fait dépassé. La technologie et l'Internet ont évolué tellement qu'il ne sait pas ce qu'il a négligé. Vous devez toujours lire de nouveaux livres, aller à un cours ou à un séminaire. Vous allez voir que j'ai raison.

Vous n'êtes pas obligé d'être un champion d'astronomie, mais si vous vous arrêtez à l'arithmétique, aux additions, vous restez en 1ère classe. Vous n'avez pas besoin d'être un champion de sport, mais si vous vous arrêtez après 5 abdomens, c'est horrible. Vous n'avez pas besoin d'être un champion pour gagner de l'argent, mais si l'argent ne vient pas de ce que vous aimez faire, vous achèterez avec eux, en compensation, des choses dont vous n'avez pas besoin. Les malheureux dépensent plus d'argent pour des choses inutiles. Vous n'avez pas besoin d'être un champion pour vos amis, mais vous avez le choix d'avoir de belles personnes autour de vous. Vous n'êtes pas obligé d'être un champion en amour, mais si vous n'aimez pas, vous vivez en vain. Je voudrais vous offrir le bonheur emballé en cadeaux et richesses, mais il n'est pas possible. Vous devez suivre le chemin de votre âme...

Choisissez de faire les choses avec amour ou pour l'amour des autres. Si vous plantez un arbre et que vous ne le faites pas avec plaisir, faites-le au moins de votre mieux. Il éclipsera les autres, portera du fruit, existera. Si vous plantez un arbre et, avec lui, vous y plantez un morceau de votre âme, ce sera le vôtre, une partie de vous. Cela vous donnera les mêmes fruits, mais ils auront un goût plus sucré. Parce que vous les attendez, vous conserverez les graines des fruits et vous les planterez également avec soin. Même les feuilles sèches seront cueillies avec soins et prises dans vos cheveux ou mises dans la maison. Ce serait une histoire, l'histoire de votre jardin, de votre verger, de votre monde coloré. Essayez de faire les choses avec plaisir, ainsi elles grandiront et vous grandirez avec elles. Vous remplirez le monde de belles histoires.

La vie est parfois très dure, mais chaque minute en vaut la peine. Vous ne vivez pas hier, vous ne vivez pas non plus demain. Le seul moment où vous vivez est celui-ci. Vivez magnifiquement et devenez meilleur. Devenez libre, devenez ce que vous voulez devenir !

Restez calme et assurez-vous que vous pouvez faire tout ce que vous avez l'intention de faire, tout ce que vous pensez peut devenir une réalité.

La vie est trop courte pour attendre des changements de l'extérieur.

Vous êtes né pour gagner, pas pour vous plaindre!

Andy Hertz

.